육아휴직 이왕이면 잘 하고 싶어

안원지 (다씽) 지음

육아휴직, 이왕이면 잘하고 싶어

초판 : 2026년 1월 23일 초판 1쇄
지은이 : 안원지
펴낸 곳 : (주) 드림벙커
주소 : 인천광역시 서구 청라에메랄드로 102번길 8-22
홈페이지 : www.dreambunker.com
이메일 : dreambunker9@gmail.com
등록일자 : 2025년 01월 24일
등록번호 : 제356-2025-000005호
ISBN : 979-11-24130-04-9(13000)

육아휴직 이왕이면 잘 하고 싶어

안원지 (다씽) 지음

프롤로그

임신테스트기에 선명한 두 줄이 떴던 날이 아직도 생생해요. 테스트기를 든 손이 덜덜 떨리고, 심장은 괜히 빨리 뛰고, 기쁜데 눈물이 나고, 말로는 설명하기 어려운 감정이 온몸을 감쌌습니다. '이제 진짜 시작이구나' 싶었던 그 순간. 그날의 벅참과 두려움이 뒤섞인 감정은, 시간이 꽤 흘렀는데도 아직도 남아있어요.

하지만 아시죠? 이 감동만으로 매일의 육아가 굴러가진 않는다는 걸요. 출산을 준비하는 마음과 퇴근해서 쏟아지는 하루의 육아는 전혀 다른 세계잖아요. 출산 전에는 육아 선배들로부터 수많은 조언을 듣게 됩니다.

"지금이 제일 좋아."

"조금만 지나면 괜찮아져."

그런데 막상 들어와 보면, 육아의 세계는 생각보다 냉정하더라고요. 한 사람을 낳고 기르고 성장시키는 일. 그게 쉬운 일이 아닌 거 우리 잘 알고 있잖아요. 우리 부모님이 우리를 어렵게 키워주셨듯이, 우리도 어렵지만 잘 모르지만 내 아이를 잘 키우고 싶은 마음이 잖아요.

그래서 저는 늘 이런 생각을 했어요. 이왕 어려운 거라면, 조금이나마 덜 힘들게. 조금은 돌아가지 않게. 그리고 무엇보다 나답게 해나가고 싶다고요. 저는 일과 육아를 병행하면서 머릿속을 떠나지 않던 질문들이 있었습니다.

"계속 일해도 될까?"

"휴직을 하면 경력은 괜찮을까?"

"아이에게 내가 더 필요한 걸까?"

저뿐만 아니라 세상 모든 엄마, 아빠가 한 번쯤은 해봤을 고민일 거예요. 그런데 그중에서도 제일 막막했던 건 바로 '육아휴직'이었어요. 누구도 선택지를 정확히 알려주지 않고, 어떤 게 정답인지 말해주는 사람도 없던 육아휴직.

"언제 시작하는 게 좋을까?"

"얼마나 써야 할까?"

"휴직 중엔 뭘 해야 할까?"

"복직 후엔 어떻게 될까?"

이런 질문들 앞에서 저는 수없이 흔들렸어요. 그리고 결국, 저만의 답을 찾아가야 했습니다. 저는 그 시간을 두 번이나 지나왔어요. 첫째 때 1년 반, 둘째 때 2년 반. 아이 둘을 키우며 총 4년 동안 육아휴직을 했습니다.

"육아휴직 많이 해서 부럽다."

"어떻게 그렇게 오래 할 수 있었어요?"

이런 말을 들을 때마다, 사실 전 조금 복잡한 마음이었어요. 부러워할 만한 일이었을까? 그 안에서 저는 정말 많이 무너졌거든요. 두 번의 육아휴직 동안 저는 많이 흔들렸고, 또 많이 배웠습니다.

잠은 자는 둥 마는 둥, 시도 때도 없이 밥 달라고 우는 아이를 부여잡고 내가 사람인지 좀비인지 모르게 살던 날들. 아이가 낮잠을 자면 밥이 입으로 들어가는지 코로 들어가는지 모르고 배만 채우면 된다는 생각으로 먹었던 한 끼. '나는 뭐하는 사람이지?' 그런 생각이 들면서 정체성의 혼란이 왔던 날도 많았어요.

육아휴직은 단순히 '쉬는 시간'이 아니더라고요. 오히려 회사 다닐 때보다 더 힘든 날이 많았어요. 끝이 보이지 않는 반복, 혼자만의 시간은 화장실에서조차 보장되지 않는 일상, 그리고 '이게 맞나?' 싶은 무수한 순간들.

하지만 이상하게도, 그 시간은 제 삶을 다시 만들어준 시간이기도 했어요.

집은 그대로인데, 안쪽을 확장해서 리모델링한 느낌이랄까요? 조금 더 나아졌고, 조금 더 여유롭게 생각할 수 있게 되었고, 무엇보다 나 자신을 대하는 태도가 달라졌어요. 아이만 키운 게 아니라, 저 자신도 다시 키우는 시간이었거든요. 그리고 깨달았어요. 육아휴직을 '잘' 하는 방법이 있다는 걸요.

이 책은 '정책'이나 '제도 설명' 위주의 책이 아닙니다. 육아휴직 정책은 매년 바뀌고, 해마다 기준도 조금씩 달라지지만 아이를 키우며 매일 부딪히는 고민들은 비슷하잖아요. 육아 동지들과 이야기해 보면 늘 '맞아. 맞아.' 하는 경우가 많거든요. 사는 모습은 조금씩 달라도 육아하는 마음은 다 비슷하더라고요.

"오늘 하루를 어떻게 버티지?"

"이 아이를 어떻게 돌봐야 잘하는 걸까?"

"내 커리어는 어떻게 다시 이어갈까?"

"육아휴직하면 수입이 확 줄어드는데 어떡하지?"

그래서 저는 '부모의 실제적인 고민'에 집중하고 싶었어요. 이 책에는 제가 4년 동안 몸으로 겪고 마음으로 버티며 쌓은 경험들을 담았습니다. 그중에는 미리 알았더라면 덜 헤맸을 것들, 조금만 일찍 시작했더라면 훨씬 수월했을 것들도 많아요.

그래서 이 책의 구성도 조금 특별하게 만들었어요. 바로 '육아휴직'으로 4행시를 만든 거예요.

육 - 육아휴직 할 결심

아 - 아이랑 찐해지기

휴 - 휴~ 이제 숨 좀 돌리자, 나도 키우기

직 - 직장으로의 복귀, 그리고 그 이후

처음엔 그냥 재미있는 아이디어였는데, 막상 정리하고 보니 이게 정말 육아휴직의 전체 여정을 담아내더라고요. 휴직을 결심하는 순간부터, 아이와 보내는 시간, 그 안에서 나를 돌보는 법, 그리고 다시 일터로 돌아가는 과정까지.

휴직을 언제 어떻게 시작할지, 휴직 중 무너지지 않고 버티는 법, 아이와의 관계를 견고하게 쌓는 법, 그리고 복직 후 다시 일터로 돌아가는 법까지. 엄마·아빠 모두에게 꼭 필요한 현실적인 이야기들을 빠짐없이 담았습니다.

저의 본업은 군인입니다. n년차 육군장교로 복무중입니다. 일부 군에 대한 휴직제도 언급이 있습니다. 하지만 남편은 일반 회사원이기에 공무원과 일반 직장인도 아우르게 읽을 수 있도록 담아 보았어요. 무엇보다 이 책은 이왕 하는 육아휴직, 제대로 잘하고 싶은 분들을 위한 책이고요. 그냥 버티는 게 아니라, 이 시간을 나와 아이 모두를 위한 시간으로 만들고 싶은 분들. 휴직이 끝나고 돌아봤을 때 '잘했다'고 생각하고 싶은 분들. 복직 후에도 흔들리지 않을 단단한 토대를 만들고 싶은 분들께 이 책이 작은 지도가 되어줄 거예요.

휴직을 준비하는 분, 이미 시작해 흔들리는 분, 곧 복직을 앞둔 분까지. 누구라도 지금 이 책을 펼쳤다면 좋겠어요. 지금 고민하는 그 마음, 저도 똑같이 겪어왔고, 그래서 더 꼭 해드리고 싶은 이야기가 많습니다.

육아휴직은 삶을 잠깐 멈추는 시간이 아니라 다시 나를 세우고, 아이와 진짜로 연결되고, 앞으로의 삶을 다시 설계하는 시간이더라고요.

아무도 시원하게 이야기해주지 못했던 육아휴직에 관한 고민들을 저의 오랜 육아휴직 경험이 해소해주길 바라며.

조금 먼저 엄마가 된,

안원지(다씽) 드림

목 차

휴 ~ 이제 숨 좀 돌리자, 나도 키우기

직 장으로의 복귀, 그리고 그 이후

에필로그

부록

너희라는 바다 위에서 참 많이도 울었다. 벅차오르는 기쁨에, 때로는 무거운 고단함에. 하지만 그 모든 눈물 끝에 나를 다시 일으켜 세운 건 결국 너희라는 기적이었다. 세상 그 무엇과도 바꿀 수 없는,

나의 가장 눈부신 이유들

육아휴직 할 결심

휴직은 언제, 얼마나 하는 게 좋을까?

육아휴직을 고민하는 분들의 대부분은 맞벌이이면서, 아이를 믿고 맡길 사람이 없는 경우가 많습니다. 그래서 이런 질문을 떠올릴 겁니다.

. 언제부터 쉬는 게 좋을까?

. 엄마가 해야 할까? 아빠가 해야 할까?

. 휴직은 언제 말해야 좋을까?

저도 그랬습니다. 저는 직업군인이고, 남편은 사기업에 다니고 있어요. 첫째가 태어날 즈음, 우리는 30대 초반. 각자 조직에서 실무 최전선에 서 있던 시기였습니다. 진급·승진 시기와도 겹쳐서, '육아 vs 커리어'의 저울질을 피할 수 없었고요. 사회생활은 남편이 1년 먼저 시작했지만 거의 비슷한 시기에 각자의 자리에서 평가 적기가 되는 상황이었어요. 그때 육아휴직을 이렇게 하면 좋다 저렇게 하면 좋다 조언해 주는 사람이 있었더라면 고민 없이 진행했을 것 같아요. 그런데 조직에서 휴직이라는 단어는 부정적인 의미로 다가오니 쉽사리 이야기를 꺼내기도 어려웠습니다. 이 부분은 많은 분들이 공감하실 것 같아요. 그래도 어떡해요. 새로운 가족이 생겼고 그 가족은 부모의 손길이 온전히 필요한 존귀한 생명체인걸요. 그래서 마음을 단단히 먹고 휴직을 쓴 겁니다.

조직에 물어보기 껄끄러운 것, 대한민국 직장 생활을 하는 사람들이라면 공감할 질문 3가지에 대해 2번의 육아휴직을 통해 겪은 사례를 예로 알려드릴게요.

육아휴직, 얼마나 쓰는 게 좋을까?

첫째 때의 육아휴직은 감정적으로 했고, 둘째 때의 육아휴직은 전략적으로 했습니다. 첫째 때의 아쉬움을, 둘째 때 조금이나마 보완한 셈이죠. 첫째 출산 당시의 저는 정말 아무것도 몰랐고, 내가 엄마니까, 내 아이는 내가 지킨다! 라는 마음이 가장 컸습니다. 출산 전에는 군 생활만 바라보고 뛰던 사람이었는데, 아이를 낳고 나니 자연스럽게 '아이를 안전하게 키울 수 있는 환경'이 1순위가 되더라고요.

첫째 때: 1년 6개월, 감정으로 시작한 휴직

첫째를 낳을 때 저는 출산휴가는 출산 전 1개월 - 출산 출산 후 2개월을 했고, 이어서 육아 휴직 1년을 신청했습니다. 그때 제가 육아휴직 1년을 신청한 이유는 단순했습니다. 유급 기간이 1년이었기 때문입니다. 법적으로는 한 아이당 최대 3년까지 육아휴직이 가능하지만, 유급으로 받는 기간은 1년 뿐이었어요. 휴직에서 경제적인 부분은 가장 현실적인 요소니까요. 육아휴직은 복직 1개월 전까지 변경 신청이 가능하므로, '일단 1년 신청해 두고, 나중에 상황을 봐서 조정하자'라는 마음으로 시작했습니다.

신청하고 나서 복직 시점을 계산해 보니, 1년 뒤 복직하면 군 생활 8년 차, 그리고 2년 뒤에는 진급 대상자가 되는 시기였습니다. 그럼 2년 동안 열심히 하면 1년의 공백 정도는 만회할 수 있겠다고 생각하니 1년 휴직이 크게 무리 있는 선택처럼 느껴지지는 않았습니다.

그런데 시간이 지나면서 마음이 달라졌어요. 아이를 키우다 보니 가치관이 다시 세워지더라고요. 군 생활도 좋지만, '아이를 안전한 환경에서 키우는 것'이 눈앞의 최우선이 되었어요. 복직 후 양가 부모님께 도움을 요청하는 방법도 고민해 봤지만, 양가 모두 경제 활동 중이었고 거주지도 멀어서 부탁드리기 어려웠습니다. 그래서 복직 후 보육 방식을 고민하다

'너무 어린 시기에 기관에 보내는 것보다는, 가정에서 아이돌봄서비스를 이용하는 것이 아이 정서에 좋지 않을까?' 하며 많이 고민하고 있었습니다.

첫째가 이유식을 막 시작하던 시기에 뉴스를 보고 저는 격분했습

니다. 14개월 아기가 정부 지원 돌보미에게 학대를 당한 사건에 관한 이야기였습니다. 그걸 보고 정말 충격을 받았어요. 제가 복직하면 첫째가 딱 14개월이 되는 시기였거든요. 그 글을 본 날 하루 종일 머릿속에 같은 생각만 맴돌았어요.

"가족이 아닌 사람에게 맡겼다가, 우리 아이에게도 이런 일이 생기면 어떡하지?"

"아이가 말도 못 하는데, 의사 표현을 하는 시기까지는 데리고 있어야 하지 않을까?"

그 결론이 6개월 연장으로 이어졌어요. 그래서 첫째 육아휴직은 총 1년 6개월이 되었습니다. 복직 3개월 전엔 적응을 위해 어린이집도 보내봤지만, 팬데믹으로 1개월도 채 다니지 못한 채 복직을 맡았어요. 코로나라는 특수한 상황 때문에 남편이 바통을 이어받아 8개월 육아휴직을 했습니다.

둘째 때 : 2년 6개월, '전략적으로' 접근한 휴직

복직 후 열심히 군 생활을 했고, 감사하게도 진급했습니다. 진급하고 나니 어느새 첫째가 5살이더라고요. 우리 부부는 아이를 둘은 키우자고 마음먹고 있어서 "올해를 놓치면 둘째는 없다!"라는 마음으로 임신을 준비했습니다. 그렇게 둘째가 찾아왔습니다.

둘째 출산 후에는 자연스럽게 다시 육아휴직을 시작했어요. 두 번째 육아휴직이다 보니, 이번에는 조금 더 '전략적으로' 설계해 보고 싶었습니다. 그래서 휴직 전에 남은 연차와 출산휴가 일수를 계산해서, 인사관리 시스템을 통해 육아휴직을 신청했어요. 군은 인사 시스템이 잘 갖춰져 있어서 별도의 서류 없이 전산으로 신청하면 인사담당자 검토와 지휘관 승인 후 처리가 되는 구조예요. 절차 자체는 비교적 수월했습니다. 첫째 때는 휴직 신청서를 직접 작성해서 공문으로 올렸었는데, 그 사이에 시스템이 바뀐 걸 보고 '아, 세월이 흘렀구나' 싶더라고요.

둘째 때도 처음에는 '1년만 쓰고 복직해야지.' 하는 마음으로 시작했습니다. 그런데 여기서 제가 중요한 걸 하나 간과하고 있었다는 걸 뒤늦게 깨달았어요. 바로 첫째의 초등학교 입학 시기였습니다. 둘째 육아휴직이 끝나고 5개월 뒤가 첫째의 초등학교 입학이더라고요.

그 순간, 육아 선배들이 늘 하던 말이 떠올랐습니다.

"애들 초등학교 입학하면 더 손 많이 가. 그때 휴직 꼭 해야 해."

그러면서 우리 부부의 고민이 시작됐어요.

"5개월 복직했다가 다시 휴직할까?, 아니면 그냥 쭉 이어서 쉬는 게 나을까?"

1년 뒤 복직하면, 막 12개월이 된 둘째도 걱정이었습니다. 무엇보다 더 큰 변수는 제 발령지였어요. 기존 부대로 복귀하게 될지, 다른 지역으로 발령받게 될지 알 수 없는 상황이었거든요. 만약 다른 지역으로 발령받게 되면, 이사, 어린이집 재배정, 남편과의 주말부부 가능성, 남편 거주지 확보 등등 이 모든 걸 한꺼번에 고민해야 했습니다. 그 모든 변수를 고려해서 우리 부부는 결국 이렇게 정리했습니다.

"경제적 부담이 있더라도, 연속 휴직이 낫겠다."

초등학교 1학년 적응기를 잘 보내주는 게 우리 가족에게 더 중요하다고 판단했어요. 첫째의 성향을 생각해 봤을 때, 초등학교 입학 첫해에는 집에 한 명이라도 안정적으로 같이 있어 주는 게 좋겠다는 결론이 났던 거예요. 그래서 제가 초등학교 1학년 1년 동안 추가로 휴직하기로 했습니다.

물론, 이건 아이 성향에 따라 달라질 수 있습니다. 어떤 아이는 학교·기관 적응이 굉장히 빠르기도 해요. 학원 다니기, 혼자 집에 있기 등을 생각보다 잘 해내는 아이들도 있거든요. 그런 경우라면 아이와 상의해서 휴직 기간을 조금 더 유연하게 조정해 볼 수도 있겠죠.

우리 집의 경우, 첫째와 이런 대화를 나눴습니다.

"엄마가 집에 있는 게 좋아? 아니면 학교 다니는 동안 엄마가 일을 나가도 괜찮을까?"

첫째의 대답은 분명했어요.

"엄마가 집에 있는 게 좋겠어. 집에 혼자 있는 거 무서워. 엘리베이터도 혼자 못 타겠어."

저는 그 말을 존중하기로 했습니다. 그렇게 저는 결과적으로 총 만 4년의 육아휴직을 사용하게 되었습니다. 여기까지는 저의 구체적인 사례 이야기이고요. 저와 비슷한 상황이라면, 하나의 실제 사례로 가볍게 대입해 보셔도 좋을 것 같아요.

물론 여기서 이런 생각이 드실 수도 있습니다.

"만 4년? 너무 긴 거 아닌가요?"

"대부분은 도대체 어느 정도 쓰나요?"

그래서 이제는 제 경험을 조금 내려놓고, 통계와 연구 결과도 같이 보면서 얼마나 쓰는 게 적당한가?에 대한 이야기를 이어가 보려고 합니다.

얼마가 '적당한' 육아휴직일까?

우선, 이 숫자들은 어디까지나 참고용 기준일 뿐입니다. 가정의 상황, 경제 상태, 부부의 커리어, 아이의 성향에 따라 답은 달라질 수밖에 없어요. 그럼에도 법적으로 주어진 육아휴직 제도를 언제, 어떻게, 얼마나 나눠 쓸지 고민할 때 참고가 될 만한 기준들은 분명히 있습니다.

육아휴직(2025년 12월 기준)은 만 8세 이하 또는 초등학교 2학년 이하 자녀까지 사용할 수 있어요. 그래서 아이의 출산 시점, 초등학교 입학, 부부의 진급·승진 시기 등을 같이 놓고 육아휴직 계획을 짜는 게 중요합니다.

'아이가 태어났으니까, 당연히 육아휴직 해야지.' 하는 분들도 있지만, 부대(회사) 사정, 개인의 커리어 목표, 경제적 상황 등으로 빠른 복직이 필요한 분들도 많습니다. 그래도 한 번쯤은 이런 질문을 스스로에게 던져보면 좋겠어요.

얼마나 쉬어야 나와 아이, 둘 다 무너지지 않을까?

너무 짧게 쉬면 내 몸과 마음, 아이와의 애착은 괜찮을까?'

너무 길게 쉬면, 복직 후 내가 감당해야 할 부담은 어느 정도일까?

저 역시 이 질문들을 수도 없이 반복했습니다.

한국노동연구원 「육아휴직 사용에 관한 연구」을 보면, 여성의 평균 육아휴직 사용 기간은 9~10개월이에요. 출산휴가와 자연스럽게 이어서, 아이가 만 1세쯤 되었을 때 복직하는 흐름이라고 볼 수 있습니다. 첫째 아이일수록 12개월에 가깝게 사용하는 비율이 높고, 둘째 이후부터는 6개월 이하 단기 사용 비율이 확실히 늘어나는 경향도 있어요.

저도 둘째를 낳고 보니, 첫째 때의 '초보 맘 불안'을 이미 한 번 겪고 나서 그런지 둘째 육아는 확실히 '경력직'의 여유가 있어요. 불안감이 확실히 줄어들었죠. 그래서 둘째 이후에는 상대적으로 짧은 휴직을 선택하는 흐름이 생기는 게 아닐까, 하는 생각도 들었습니다.

"그럼, 출산 후 최소 몇 개월을 쉬어야 하나요?"

국내 여러 연구를 보면, 출산 직후 6~8주를 산욕기로 보고 이 시기를 엄마의 신체 회복에 있어 아주 중요한 구간으로 봅니다. 또 3개월, 6개월 시점을 기준으로 체중 변화, 모유 수유 지속 여부, 육아 자신감 변화를 보는 연구들도 많아요. 이런 연구를 종합해서 보면, 출산 후 단기 휴직을 계획하는 여성이라면 최소 6개월 정도는 휴직 기간을 잡는 것이 좋지 않을까 하는 생각이 듭니다. 전문가가 '무조건 6개월'이라고 못 박았다."라는 이야기는 아닙니다. 다만 저는 아래 세 가지를 근거로, '최소 6개월'을 하나의 기준점으로 제안하고 싶어요.

- 아이들이 익숙한 사람을 구분하기 시작하는 시기 : 2~6개월
- 육아 휴직 정책 중, 급여 지급 구조가 달라지는 기준 시기 : 6개월
- 육아 휴직 경험자 의견 : '6개월쯤' 되면 아이도 적응한다.'

여기에 또 하나, 빼놓을 수 없는 부분이 있습니다. 바로 아이와의 애착이입니다. 맞벌이하다 하다 보면 결국 기관이나 돌봄 선생님을 활용하게 됩니다. 그러면 자연스럽게 아이의 분리불안과 마주하게 되죠. 영국의 정신과 의사이자 발달 심리학자인학자인 볼비는, 아이는 본능적으로 주 양육자(대개 엄마)와 정서적 유대를 맺고자 하며, 생후 6개월~2세 사이를 그 유대가 형성되는 결정적 시기(Critical Period)

라고 말합니다. 이 가운데 6개월~2세 시기를 '명확한 애착기(Clear-cut attachment)'라고 부르는데, 이때가 진짜 애착이 확실하게 자리 잡는 핵심 구간이에요. 이 시기에 분리불안도 본격적으로 나타납니다. 그중에서도 돌 전후(10~12개월)에 분리불안이 가장 심해지는 경향이 있어요.

그래서 일부 발달 심리학자들과 육아 전문가들은

"가능하다면 분리불안이 가장 높은 시기는 피해서 복직 시점을 조정하는 것이 좋다."

라고 조언하기도 합니다.

추가로 자녀의 기관 입소 시기를 기준으로 휴직을 조정하는 분들도 있습니다. 예를 들어, 육아휴직 1년을 쓰고 난 시점이 1월이라면, 3월 어린이집·유치원 입소와 적응 기간까지 고려해서 2개월을 추가 연장하는 식이에요. 아이 성향에 따라 기관 적응에 시간이 오래 걸리는 경우도 있거든요. 그런 아이들이 있는데, 복직하자마자 분리불안과 적응 문제로 집이랑 직장이 동시에 흔들리면 정말 곤란해집니다. 반대로 아이가 예상보다 너무 잘 적응해서, 오히려 휴직 기간을 줄이는 경우도 생깁니다.

그래서 저는 이렇게 정리하고 싶어요.

- 의학적으로는 출산 후 최소 6개월
- 아이·가정·직장을 고려한 기준 : 1년 안팎

이 구간 안에서, 각자의 삶과 상황을 놓고 휴직 기간을 정해보시면 좋겠습니다.

육아휴직, 엄마가 할까? 아빠가 할까?

육아휴직은 법적으로 모든 근로자에게 주어진 권리지만, 아무나 쓸 수 있는 건 아니에요. 고용보험 가입 6개월 이상, 자녀가 만 8세 이하, 그리고 휴직 개시 30일 전 서면 신청이라는 기본 조건을 충족해야 합니다. 이 조건을 갖추면 회사는 정당한 이유 없이 육아휴직을 거부할 수 없어요. 육아는 개인의 희생이 아니라 사회가 함께 책임져야 할 영역이기 때문이죠. 군인과 공무원은 각 부처 규정에 따라 세부 절차가 조금 다를 수 있지만, 기본 원칙은 동일합니다.

첫째를 출산했을 당시 저는 군 생활 7년 차 대위였고, 남편은 직장 생활 10년을 바라보고 있었어요. 출산 후 자연스럽게 이어서 제가 육아휴직을 썼죠. 초보 엄마 아빠였던 우리는 '엄마가 쉬는 것'이 당연하다고 생각했어요. 물론 제 커리어를 고려하지 않은 건 아니에요. 3년 뒤 진급 대상자가 되는 시기였기 때문에 '복직해서 열심히 하면 될 거야!'라는 마음이 있었고요. 당시 남편은 승진을 준비해야 할 중요한 시기라, 여러 상황을 고려했을 때 제가 휴직하는 것이 더 맞다고 판단했어요. 출산 후 회복 역시 중요한 요소였고요.

하지만 육아휴직은 가정마다 사정이 다르기 때문에 부부의 상의가 정말 중요해요. 누가 경제활동을 지속할지, 누가 육아를 맡을지, 이 역할을 명확하게 정하는 것이 생각보다 큰 영향을 미치더라고요. '남자는 일, 여자는 가정'이라는 오래된 공식 대신, 각자의 위치와 상황을 기준으로 결정해야 한다는 걸 직접 경험하며 깨달았어요. 그렇게 저는 첫째 육아휴직을 1년 6개월 사용했고, 이후에는 남편이 8개월 육아휴직을 이어받았습니다.

군인의 특성상 복직 시 지역 이동 예정이었고, 남편은 민간 기업이라 지점 이동이 원하는 시기에 자유롭지 않았어요. 다행히 남편이 다니던 회사는 지점 이동이 가능한 편이라 이직까지 고민하지는 않았지만, 휴직이 불가피했던 것도 있습니다. 이런 점에서 '휴직은 가족만의 문제가 아니라 부부 각자의 직장과도 긴밀하게 연결된 문제'라는 걸 다시 한번 느꼈어요. 주변 지인들도 대부분 비슷하더라고요. 직장 내 휴직에 대한 인식, 평가 또는 승진 시기 등을 종합해 맞벌이 부부 중 누가 육아휴직을 할지 결정하는 경우가 많았어요. 출산 후 엄마가 출산휴가를 마치고 복직하면, 그때 아빠가 육아휴직을 사용하는 사례도 점점 늘고 있습니다.

그런데 출산 직후 휴직만 고민하면 안 됩니다. 아이가 초등학교에 입학하는 시기, 즉 '두 번째 육아휴직'을 언제 사용할지도 함께 고민해야 하거든요. 초등 입학은 부모에게 새로운 난이도가 주어지는 시기라, '그때 가서 고민해야지'라고 생각하면 더 큰 고민을 만나게 될 수 있어요. 그래서 부부는 사전에 충분한 대화를 나눠야 합니다. 특히 아이들은 엄마가 봐야한다는 오래된 관념을 내려놓는 게 필요해요. 가족 구성원이라면 누구든 아이를 돌보는 역할을 나눌 수 있고, 그게 요즘 가정의 자연스러운 모습이니까요.

실제로 아빠 육아 참여에 관한 긍정적인 연구 결과도 많이 나와 있어요. 2021년 한국보건사회연구원의 '「아버지의 양육 참여와 아동 발달 관계」 연구에 따르면, 아버지가 정기적으로 돌봄·놀이·대화에 참여할수록 아이의 사회적 유능감과 정서 안정이 높게 나타났습니다. 그래서 저는 아빠들의 육아휴직도 정말 의미 있는 선택이라고 생각해요. 다만 아빠들은 '내가 잘할 수 있을까?' 하는 두려움이 확실히 큰 것 같아요. 제 남편도 그랬거든요. 아이가 울면 어쩔 줄 몰라 하고, 당황하고, 힘들어하고요. 하지만 그것도 결국 부모가 부딪히며 배우는 과정이에요. 엄마도 아빠도 부모가 된 시기는 동일합니다. 엄마라고 출산과 동시에 짠! 육아 마스터가 되는 건 아니니까요. 아빠도 함께 배우면서 성장해야 합니다. 그렇게 부딪히며 배우고 어떨 때는 같이 울기도 하면서 그렇게 같이 성장하는 게 아이와 부모의 관계더라고요.

그래서 저는 "엄마가 할까요, 아빠가 할까요?"라는 질문에 이렇게 이야기하고 싶어요.

"정답은 없다. 가정과 직장의 상황을 가장 잘 아는 두 사람이, 서로의 위치를 존중하며 선택하는 것이 가장 좋은 선택이다."

휴직은 쉬는 것이 아니라, 가족을 위해 감당하는 또 하나의 책임이에요. 이 마음을 잊지 않는다면, 어떤 선택이든 옳지 않은 선택은 없습니다.

육아 휴직 타이밍은 언제가 좋을까요

'인생은 타이밍이다!' 하는 말 많이 들어보셨죠? 그런데 타이밍의 사전적 의미를 아시나요? 국어사전에 '타이밍'을 검색해보면 이렇게 나와요.

1. 동작의 효과가 가장 크게 나타나는 순간, 또는 그 순간을 위하여 동작의 속도를 맞춤.

2. 주변의 상황을 보아 좋은 시기를 결정함. 또는 그 시기.

저는 2번에 집중하려 합니다. '주변', '좋은 시기' 이 두 단어를 합치면 결국 이런 질문이 나옵니다.

"육아휴직, 주변에 언제 말하는 게 좋은 시기일까?"

육아휴직 조건에만 충족하면 '언제든지 쓰면 되는 거 아닌가요?' 라고 생각할 수 있지만, 현실은 그렇게 단순하지 않잖아요. 에이 몰라! 당장 쓰면 그만이야! 할 순 있지만 휴직 전 출근 하는 기간, 복직

해서 돌아오는 시선, 승진 평가에 대한 부담…. 감당하실 수 있으신가요?

특히 육아휴직은 보통 임신한 엄마가 출산과 함께 자연스럽게 쓰는 경우가 많다 보니, 조직에서는 '엄마 = 육아휴직 할 사람'으로 암묵적으로 받아들이는 분위기가 있어요. 반면 남성의 경우는 여전히 '설마 아빠까지 육아휴직을 쓰겠어?'라는 시선이 남아 있는 조직도 많고요. 그래서 생각지도 못한 사람이 "저 육아휴직 하겠습니다."라고 말하는 순간, 평소 이미지가 괜찮았더라도 갑자기 부담을 주는 사람으로 보일 수 있습니다.

육아휴직을 미리 말하면 불이익받을까 봐 걱정되는 마음도 충분히 이해해요. 실제로 서울시 내 24개 여성새로일하기센터가 진행한 W-ink 캠페인의 설문조사에 따르면, 육아휴직 사용을 망설이는 이유 1위가 '승진·성과 보상에서의 차별 우려'였고 '회사 상사나 동료의 눈치'가 그 뒤를 이었어요. 두 항목의 합이 전체 응답이 50%가 넘었다고 하니, '나만 이렇게 고민하나?' 하는 생각은 안 하셔도 될 것 같아요. 다 비슷한 마음입니다. 그렇다면 차별과 눈치를 최소화하면서, 그래도 내 삶을 지키는 쪽으로 선택하려면 어떻게 말을 꺼내야 할까요? 육아휴직은 단순히 '저 좀 쉴게요'가 아니라, 조직 안에서 나의 역할을 어떻게 정리하고 넘길지, 복귀 후에는 어떻게 함께 다시 일할지를 설계하는 과정이기도 하거든요. 그래서 '언제, 어떻게 말하느냐'가 정말 중요합니다. 제가 생각한 다섯 가지 타이밍 팁을 정리해 볼게요.

첫 번째, 너무 늦게 말하면 당황이 생기고 너무 일찍 말하면 부담이 생긴다.

군대 용어로 '예령'이라는 게 있어요. 공식 명령이 내려 오기 전에 '이런 명령이 내려올 테니 준비하라'고 알려주는 거죠. 그럼, 예령을 하달받는 사람은 사전 준비를 하고 명령에 올바르게 대처할 수 있어요. 육아휴직도 똑같아요. "저 다음 달부터 육아휴직 들어갑니다." 라는 식의 갑작스러운 통보는 누구에게나 당황스러울 수밖에 없습니다. 누구나 통보받으면 당황스럽고 어떤 때는 기분도 나빠요. 나를 무시하나? 이런 생각이 들기도 하는 게 통보잖아요. 그래서 육아휴직에는 '통보'보다 '예고'가 필요해요. 그렇기에 육아휴직은 통보하는 것은 절대적으로 피해 하는 일입니다.

법적으로도 휴직 시작 30일 전에 신청하게 되어 있으니, 말은 최소 2개월 전부터 슬쩍 꺼내주는 게 좋습니다. 상대가 준비할 수 있는 시점에 맞춰서 점진적으로 휴직 계획을 알려야 합니다

"확정은 아니지만 아이 돌쯤 해서 육아휴직을 고민하고 있어요."

"아이가 내년에 초등학교 입학하는데 휴직해야 하나 말아야 하나 고민입니다."

이런 예고형 대화만으로도 상사로서도 업무 조정이나 인력 대체

를 미리 준비할 수 있습니다. 그리고 무엇보다, 너무 갑작스럽게 느껴지지 않아서 관계가 부드럽게 유지될 수 있어요.

반대로 너무 일찍 이야기하면 '어차피 휴직할 사람'이라는 인식이 자리 잡을 수 있어요. 누구나 실수를 하거나 집중력이 떨어질 때가 있는데, 그때 "휴직할 사람이라 대충하나?"라는 오해가 생길 수도 있습니다. 불필요한 의심을 만들지 않기 위해서도 적절한 시점에 말하는 것이 정말 중요해요.

두 번째, 상사에게 말하기 전 '내 안의 타이밍'을 먼저 정하자

많은 사람이 '언제 말할까?'만 고민하는데, 그 전에 먼저 해야 할 건 '나는 언제까지 일하고, 언제부터 쉴지' 내 기준을 정하는 일이에요.

- 나는 언제까지 일할 수 있을까?

- 이 시점까지는 몸과 마음, 경제적인 부분이 버틸 수 있을까?

- 조직이 너무 힘들지 않게 하려면 언제쯤 알려야 할까?

이걸 정해두지 않으면 상사의 표정, 분위기, 설득에 계속 끌려다니게 됩니다. "프로젝트 이것만 마무리하고 나서 가면 안 될까?" 같은 말에 나도 모르게 시기를 계속 미루게 되고요. 그래서 '말하기 타이밍'보다 '결심 타이밍'을 먼저 잡는 게 중요합니다. 내 안의 마지노선을 정해둬야, 내가 원하는 시기를 놓치지 않게 되더라고요. 이왕 하기로 마음먹었으면 흔들리지 않게 기준을 정해야 합니다.

세 번째, 조직마다 다른 '최적 타이밍'을 계산합니다.

다양한 조직이 존재하는 만큼 조직의 특성을 고려한 타이밍도 중요합니다. 인터넷 검색 등을 통해서 육아휴직에 대한 정보를 많이 얻으실 겁니다. 그런데 명쾌한 답을 얻기 어렵습니다. 육아휴직은 집마다 다르듯, 회사마다, 조직마다 리듬이 달라서 타이밍도 다르게 잡아야 하기 때문입니다. 공공기관·군 조직이라면 분기별 인사 계획, 반기별 인사 평정 시점, 보직 순환 구조 등을 고려해서 말하는 시기를 정해야 하고, 동료들의 보직 종료 시점을 슬쩍 확인해두는 것도 방법이에요. 군의 경우 상급 부대에 공석 보고가 언제 올라가는지, 그 전에 이야기해야 대체 인력이 제때 배정될 수 있는지도 점검 사항이고요. 대기업·일반 사기업이라면 프로젝트 종료 직후나 인사 평가 시즌 전후가 기준이 될 수 있습니다. 중소기업·스타트업처럼 대체 인력 확보가 어려운 곳이라면 최소 3개월 전부터 조금씩 육아휴직 의사를 드러내는 편이 좋아요. 정리하자면, 내 일정만 보지 말고 조직의 리듬에 반 박자, 한 박자 정도 앞서 움직이는 것, 그게 현실적인 '최적 타이밍'입니다.

타이밍에 실질적인 첨언을 해보자면 인사 평가 시즌에 이야기하는 것이 제일 어렵습니다. 평가 시즌을 피하면 좋겠지만 상황상 맞물리는 경우가 있거든요. 휴직 의사를 밝히는 게 인사 평가에 영향을 미치는 거 아닐까? 하는 생각이 들 겁니다. 그렇다고 인사 평가

후에 이야기하면 평가를 좋게 받으면 좋게 받고 휴직하는 사람 얌체 같은 사람이 될 것 같고요. 평가를 나쁘게 받으면서 나쁘게 받았다고 반항으로 휴직한다고 생각하진 않을까 하는 생각까지…. 정말 휴직에 관한 생각은 사람을 참 어렵게 만들더라고요.

이럴 때는 상사가 일 가정 양립을 어떻게 생각하는 사람인지 파악하는 게 좋습니다. 호의적이면 인사 평가 전에 "정확한 시점을 정한 건 아니지만, 다음 분기쯤 육아휴직을 고려하고 있습니다."처럼 탐색 태화로 예고하는 것도 방법입니다. 평가 이후에 말하는 게 낫겠다 싶다면, "평가 감사합니다. 함께 일하면서 많이 배웠습니다. 그런데 가정 상황상 잠시 육아휴직이 필요할 것 같습니다. 인수인계는 미리 계획 세워서 깔끔하게 마무리하겠습니다."처럼 감사와 정리를 함께 전하면 '도망'이 아니라 '정리 후 잠시 비우는 사람'이라는 인상을 줄 수 있습니다.

네 번째, 말할 땐 함께 조율하는 태도로

당신이 팀장이라고 가정해 봅시다. 팀원들 역량을 보고 힘들게 업무 분담을 맞춰놓았는데, 전혀 기척도 없었고 일도 잘하던 부서원이 "저 다음 달부터 육아휴직 쓸 겁니다." 하고 이야기하면 띵- 한 대 맞은 느낌이 나겠죠? 같은 내용이라도 이렇게 표현해 보면 어때요?

> "아이 돌 무렵에 육아휴직을 계획하고 있는데, 부서 일정과 잘 맞출 수 있을지 상의드리고 싶습니다."

전혀 다르게 들리죠? 후자는 조직의 상황을 배려하면서도, 동시에 내 결심을 존중받을 수 있는 말이에요. 상사 입장에서는 전자보다 후자의 방식이 훨씬 수용하기 쉽고, '같이 조율하자'는 태도가 느껴집니다.

부서원의 육아휴직은 상사에게도 큰 과업이에요. 업무 공백을 어떻게 메울지, 인수인계를 누구에게 맡길지, 여러 가지를 동시에 고려해야 하거든요. 이 '큰 과업'을 툭 던져놓고 가는 사람이 될지, 예쁘게 포장해서 상대가 덜 부담되게 전달하는 사람이 될지에 따라 휴직 기간의 분위기도, 복직 후 돌아왔을 때 마주할 시선도 크게 달라집니다.

결국 휴직 선언은 내용보다 '어떤 태도로 이야기하느냐'가 훨씬 중요해요. 그 차이가 사람을 살리고 관계를 살리고, 복직 후의 미래까지 살립니다.

다섯 번째, 비공식 대화에서 공식 서류 순서의 타이밍으로 합니다. 상사에게 먼저 구두로 계획 중임을 예고합니다. 상사에게 이야기했다면 평소 친분이 있는 동료들에게도 슬쩍 언질을 주는 겁니다. 그럼, 동료들도 육아휴직자의 공백으로 인한 업무 분담에 마음의 준비를 할 것이고, 대체 인력이 온다면 대체 인력을 맞이할 준비도 할 테니까요. 이후에 공식 서류를 준비해서 내부규정에 따라 최소 30일 전에 제출하는데 인사 부서의 담당자와의 일정을 잘 조율해야 합니다. 내부 규정에 맞춰 최소 30일 전에 서류를 제출해야 하는데, 중요한 건 '내가 인사 담당자에게 제출한 날짜'가 아니라 '실제로 최종 결재가 떨어지는 날짜'예요. 인사 담당자도 업무량이 많으면 처리가 늦어질 수 있으니까, 최소 45일 전에는 인사 담당자에게도 구두 전달을 하여 서류 처리 일정 조율을 해두는 게 안전합니다.

결국 육아휴직의 언제 말해야 할까는 관계의 속도에 따라 다릅니다. 조직마다, 상사마다 다릅니다. 공통적인 원칙은 하나입니다.

'상대가 당황하지 않을 만큼 미리, 내가 원하는 시기를 지킬 수 있는 마지노선 꼭 확인하기'

이 중간 지점을 찾는 게 이야기 타이밍의 핵심입니다. 너무 빨리 말하면 주변의 의견에 흔들리고, 너무 늦게 말하면 주변의 시선을 따갑게 받을 테니까요.

지금까지 육아휴직 기간, 누가 할지, 언제 말할지 이야기를 나눠봤어요. 사실 육아휴직은 마음먹는 것부터가 제일 어렵고, 마음을 먹고 난 이후에도 산 넘어서 산이죠. 그런데 그 산들을 하나씩 넘어가다 보면, 결국 나도 아이도, 가족도, 그리고 직장까지 조금씩 균형을 찾아가게 됩니다.

정리해 보면 이렇습니다.

휴직은 크게 한 아이당 2번을 합니다. 출산 후, 초등학교 입학 시기. 출산 후 육아휴직 기간은 보통 6개월에서 14개월까지 하며, 초등학교 1학년 적응기를 고려 최소 3개월에서 12개월 생각해야 합니다.

육아휴직 주체는 엄마든 아빠든 누구나 가능하지만, 출산한 엄마의 경우 신체 회복을 위한 일정 기간의 휴식은 꼭 필요하다는 사실을 잊지 않았으면 좋겠습니다. 출산 회복 이후에는 직장 내 위치나 조직 분위기를 고려해서 부부가 진지하게 대화해 결정하면 됩니다.

타이밍은 점진적으로 휴직 의사를 드러내다가, 결정적인 시점에는 '통보'보다 '의논'의 태도로 이야기하는 것이 좋아요. 내가 휴직하게 된 이유를 예쁘게 포장해서 전달하면 상대가 느끼는 당황이나 서운함도 훨씬 줄어듭니다. 그리고 인사와 관련된 일인 만큼 인사 담당자의 일정도 고려해 서류 제출 시점을 체크하는 것, 정말 중요합니다.

아직 휴직도 안 했는데 챙길 게 많죠. 하지만 그만큼 부모가 된다는 것, 누군가의 생애 초반을 책임지는 일은 이렇게 많은 고민과 준비가 필요하다는 뜻이기도 합니다. 그리고 그 고민의 과정이 결국 우리 가족을 더 견고하게 만들어줄 거라고 저는 믿어요.

딱 1분만 생각하기

1. 내가 육아휴직에서 꼭 얻고 싶은 것은 무엇인가요?

→ 예) 아이와의 시간 / 나의 회복 / 커리어 재정비 / 생활 루틴.

2. 휴직 기간 동안 '매일 10분이라도' 하고 싶은 일은 무엇인가요?

→ 예) 기록하기, 산책, 스트레칭, 독서 등.

3. 휴직이 끝났을 때, 나는 어떤 모습이면 좋을까요?

→ "휴직 후 나는 ______한 상태였으면 한다."

돈이 문제라면 REBOOT!

첫째 출산으로 육아휴직을 했을 때는 '1년은 유급휴직이니까, 돈은 적게나마 들어오겠지', '출산 지원금 많이 주는 지역에 살지 않는 게 아쉽다' 정도만 생각했지, 돈 문제를 심각하게 고민하지 않았습니다. 저는 그 정도로 경제 관념이 꽝이었습니다. 대학을 졸업하고 군 생활을 하며 사회생활을 시작했을 때도 경제적으로 크게 부담을 느끼지 않았습니다. 정해진 날에 꼬박꼬박 통장으로 들어오는 급여가 있었고, 과소비를 하지 않는 성향이라 카드값에 허덕이는 일도 없었습니다. 그래서였을까요. '우리는 꽤 알뜰하게 잘 살고 있구나' 하고 안일하게 생각했습니다. 남편도 과소비하는 성향이 아니었고, 먹고 싶은 것 먹고, 놀러 가고 싶을 때 놀러 갈 수 있는 정도의 상황이었기에 현실에 안주하며 살았습니다. 그저 저축만 차곡차곡 하고 있었습니다.

저의 첫 번째 육아휴직에서 경제적 준비는 '저축(SAVE)' 하나뿐이었습니다. 나중에 돈이 필요하면 그때 저축해둔 걸 꺼내 쓰면 되겠지 하는 안일한 마음으로 육아휴직을 맞이했습니다.

아이가 태어나고 휴직하니 경제 현실이 눈에 보이게 바뀌었습니다. 유급 휴직이라 매달 급여가 들어오긴 했지만, 통신비, 보험료, 기여금, 각종 공과금 등의 고정 지출로 순식간에 사라지기 일쑤였습니다. 최대한 아끼고 아껴 출산 전의 지출 수준을 유지해 보려 했지만, 아이에게 들어가는 비용이 만만치 않았습니다. 식구가 한 명 늘어나니 식비뿐 아니라 각종 부대 비용 지출이 확 늘어났습니다. 거기에 아이에게 아무거나 먹이고 입히고 싶지 않은 마음이 컸기에 좋은 것만 사줬습니다. 육아 동지들의 SNS와 육아 카더라 통신이 가득한 커뮤니티에서 얻은 정보로 이것저것 구매하는 일도 잦았습니다.

'이건 다 내 아이 좋으라고 하는 거야. 다른 데서 아끼면 되지.' 하는 마음으로 살았습니다. 모아두었던 통장의 잔고도 슬슬 비어갔고, 남편에게 추가로 생활비를 달라고 말해야 하는 상황에 이르렀습니다. 제가 마치 흥청망청 돈 쓰는 사람처럼 보일 것 같아 싫었습니다. 그 순간 '이건 아닌 것 같다'라는 생각이 확 스쳤습니다.

그래서 이것저것 많이 찾아보고 직접 실행해 봤습니다. 제가 찾은 방법으로 무급 휴가 2년을 보내는 동안에도 크게 문제가 없었습니다. 방법은 바로 '리부트(REBOOT)'입니다.

리부트?

다시 시작하라는 거야? 무엇을 다시 시작하라는 거지? 라는 생각이 드실 겁니다. 말 그대로 모든 재정을 처음부터 새로 정비해서 다시 시작하라는 뜻입니다. 이 말을 조금 더 세부적으로 풀어 설명하면 여섯 가지로 정리할 수 있습니다.

REBOOT은 제가 4년간 육아휴직을 하며 터득하고 실천한 것들의 앞 글자를 따 만든 단어입니다.

Receive · 받아라

Economize · 아껴라

Balance · 조정하라

Optimize · 최적화하라

Offload · 덜어내라

Transform · 변화하라

저는 이 여섯 가지를 실천하면서 육아휴직 중 경제적 부담을 많이 덜 수 있었어요.

Rainy day fund + Receive : 받아라

비 오는 날을 대비하고, 받을 건 꼭 받자.

수개월의 휴직을 한다는 것은 휴직 전보다 가계 경제가 버거워진다는 뜻입니다. 휴직하고 나서 겪어보니 알겠더라…가 아니라, 사실 휴직 전부터 충분히 예측할 수 있는 일입니다. 그렇다면 우리는 어떻게 해야 할까요? 정답은 바로 '대비'입니다.

영어에는 'Rainy day fund'라는 표현이 있습니다. 직역하면 '비

오는 날을 위한 자금'이라는 뜻으로, 예기치 못한 어려운 시기를 대비해 미리 모아둔 돈을 말합니다. 17세기 영국 속담 'Save for a rainy day'에서 비롯된 표현으로, 비 오는 날을 경제적 어려움이나 갑작스러운 지출에 빗대어 표현합니다. 지금 우리에게 육아휴직이 어쩌면 그 '비 오는 날'일지도 모릅니다.

그렇다면 해야 할 일은 분명합니다. 비 오는 날을 대비해 돈을 모아두는 것. 적어도 3~6개월 치 생활비 정도는 여유 자금으로 준비해 두길 추천합니다.

저는 군인공제회, 주식, ETF를 활용해 여유 자금을 모으고, 소액은 카카오뱅크 세이프박스를 이용해 언제든 필요할 때 꺼내 쓸 수 있도록 세팅해 두었습니다. 육아휴직을 하면 대출도 쉽지 않습니다. 담보대출은 가능하더라도, 휴직 중에는 소액 대출조차 상담이 어렵거나 거절되는 경우가 많습니다. 그래서 휴직 전에 여유 자금을 충분히 확보해 두는 것이 나와 가족의 경제적 불안을 줄이는 가장 현실적인 방법입니다.

한편, 요즘은 임신·출산·육아 관련 정책이 크게 늘었습니다. 첫째와 둘째 임신·출산 시기의 간격이 5년 정도인데, 그 사이에도 관련 정책이 눈에 띄게 좋아졌더라고요. 정부 지원금은 지자체별, 자녀 수별로 차이가 있지만 많게는 수천만 원, 적게는 수백만 원대의 혜택을 받을 수 있습니다. 정책은 해마다 달라지고 대부분 증가하는 추세입니다.

그런데 의외로 '나는 대상자가 아닐 거야'하고 신청조차 하지 않는 경우도 많습니다. 몰라서 못 받는 경우도 정말 많고요. 그런데 대상자라면, 그리고 신청만 하면 다 주는 혜택인데 왜 안 받나요? 받을 수 있으면 다~ 받아야 합니다(Receive)!

특히 소득에 따른 지원은 내가 알고 있는 소득 데이터와 지자체에서 가지고 있는 데이터가 서로 다른 경우도 있습니다. 몇천 원 차이로 등급이 왔다 갔다 할 수 있다는 말입니다. '안 될 거야', '서류 준비 귀찮아'라고 생각하지 마시고, 대상자가 아니더라도 신청·문의는 꼭 해보셔서 정부 지원 혜택을 최대한 챙기시기 바랍니다.

그렇다면 자녀 임신·출산·육아에 따른 지원 사업에는 어떤 것들이 있을까요? 한 번은 차분히 체크해 볼 필요가 있습니다. 지원금만 주는 것도 아닙니다. 지역별·소득별·가족 수에 따라 지원 혜택의 차이는 있지만, 많이 신청하고 많이 받는 대표적인 사업들이 있습니다.

예를 들어, 산모와 아이의 건강을 위한 유기농 식재료를 구매할 수 있는 영양 플러스 제도, 아이 기저귀를 구매할 수 있는 기저귀 바우처(인터넷 구매 가능), 산모 영양제 지원, 육아용품 대여 사업, 산후 도우미, 각종 돌봄 서비스 등이 있습니다. 이런 사업들은 대개 보건소나 행정복지센터에서 안내받을 수 있습니다. 지자체별로 사업 운영 방식이 다르기도 하고 아예 운영하지 않는 지역도 있으니, 본인이 거주하는 곳에 직접 문의하는 것이 가장 정확합니다.

또 지역 내 관련 사업에 대한 최신 정보를 알고 싶다면 전국·지역 맘카페, 당근 '동네 정보' 게시판, 지역 육아 관련 카카오톡 오픈채팅방 등을 활용해 정보를 얻는 것도 한 방법입니다.

이 사업들을 신청하는 '시기'도 중요합니다. 우리나라 국가 예산은 회계연도 단위로 편성되어 매년 1월 1일에 시작해 같은 해 12월 31일에 종료됩니다. 그래서 연초에 예산이 조기 소진되는 사업이 많습니다.

따라서 1월부터 관련 지원을 체크해서 확인하고, 예산 소진 전에 신청하는 것이 중요합니다. 연초에 각 지자체 공식 홈페이지를 확인하거나, 행정복지센터·보건소에 유선 문의를 통해 신청 기간을 미리 확인해 두면 좋습니다. 대상자가 많을 경우 선착순으로 선발하기도 하고, 신청자를 받아 추첨하는 경우도 있습니다. 추첨이라 하더라도, 애초에 신청 기간을 놓쳐 후회하는 일이 없도록 사전 체크가 필요합니다.

임신 월, 출산 월에 따라 대상자 기준이 달라지는 맹점도 있습니다. 그렇기에 1월 전후로 임신 중이거나 출산을 앞둔 분들은 '바빠서 몰라서' 놓치는 일이 없도록 특히 신경 써야 합니다. 꼭 신청하셔서 가계 예산을 절약(Save)하고 Rainy day fund를 쌓으면서, 받을 수 있는 것은 모두 Receive 하시기 바랍니다.

Economize : **아껴라**

상식적으로 한번 생각해 봅시다. 부모가 되기 전에는 두 사람의 근로소득을 두 사람이 나눠 썼습니다. 그런데 임신과 동시에 세 사람 이상이 동일한 소득으로 생활해야 하는 상황이 되었습니다. 그러면 우리 가족의 재정을 어떻게 해야 할까요?

정답은 두 가지뿐입니다. 더 많이 벌거나, 아니면 돈을 아끼거나.

그런데 우리는 육아휴직을 합니다. 휴직자가 근로소득을 늘릴 수 있을까요? No! 오히려 줄어듭니다. 육아휴직은 결국 '돈을 아껴야 하는 상황'으로 귀결됩니다. 수년간 육아 휴직 하며 제가 익힌 '아끼는 노하우'를 풀어보겠습니다.

첫째, 마인드를 바꿔야 합니다.

부모가 되기 전에는 먹고 싶은 것, 사고 싶은 것을 크게 고민 없이 샀다면, 이제는 소비 욕구가 올라올 때 한 번 더 멈추고 조절할 수 있는 능력이 필요합니다. 이는 부부가 함께 마주 앉아 공유해야 합니다. 남편은 마구 쓰는 데 아내만 아끼고 있다면, 밑 빠진 독에 물 붓기와 다를 바가 없겠죠.

소비의 주체인 부부가 함께 충동구매를 줄이는 방향으로 합의해야 합니다. 그동안 불필요한 물건, 굳이 사지 않아도 되는 물건을 산 적은 없는지 돌아보고, 그 물건들을 샀을 때의 장소·시간·상황 등을 떠올려보세요.

저는 주로 주말에 쇼핑몰이나 프리마켓에 가서 작고 아기자기한 귀여운 물건들을 구경하다가 구매할 때 충동구매가 자주 일어났습니다. 그러면 주말에 쇼핑몰, 프리마켓 등에 가는 횟수를 줄이는 것으로 충동구매를 억제했습니다.

제가 그런 물건을 샀던 이유는 '지금 아니면 못 살 것 같다'라는 생각이 크게 작용했기 때문입니다. 성격상 아기자기하고 귀여운 것을 보면 그냥 지나치지 못해서, 한 번 구경하기 시작하면 어느새 구매까지 이어지곤 했습니다. 물론 집에 가져와서 내팽개치는 스타일은 아니었지만, 굳이 사지 않아도 되는 물건들을 줄이기 위해 의식적으로 습관을 바꾸었습니다.

둘째, 불안 마케팅에 현혹되지 말아야 합니다.

이제 여러분은 충동구매를 어느 정도 자제하게 되었고, '아끼기 마인드'를 장착한 부모가 되었습니다. 그런데 부모라는 타이틀을 갖게 되는 순간, 뇌에 강하게 각인되는 문장이 하나 있습니다.

"내 아이는 무조건 좋은 것만 입히고 먹일 거야!"

특히 첫째 자녀에게서 두드러지는 현상이며, 양가 모두의 첫 손주라면 그 양상은 훨씬 크게 작용합니다. 주변에서 아무리 '좋은 거 사줘도 애가 금방 커서 많이 입지도 못하고, 비싼 육아용품은 결국 엄마·아빠 만족이야'라고 말해도 이미 '내 아이는 좋은 것만'이라는 문장이 뇌에 문신처럼 새겨진 뒤입니다.

그래서 부모들은 아이를 위해 비싸고 좋은 옷, 음식, 육아용품을 사게 됩니다. 여기에 초보 엄마·아빠들을 겨냥한 불안 마케팅까지 더해지면, 생전 써보지도 않았던 물건들을 '사야 안심할 수 있을 것 같은' 착각 속에서 마구 구매하게 됩니다.

상술에 넘어가지 않는 것 또한 아끼는 방법의 하나입니다.

그래도 '이 육아용품은 꼭 사고 싶다!'라는 생각이 든다면, 우선 장바구니에만 담아두세요. 인터넷 후기부터 뒤지는 대신, 주변 육아 선배·동지 3명에게 직접 물어보는 것을 권합니다. 많은 육아러들이 실제로 사용하는 제품인지, 장단점은 무엇인지 확인한 뒤, 3일 정도 기다렸다가 그래도 필요하다고 느껴지면 그때 구매해도 늦지 않습니다. 이 방법이 몸에 배면, 장바구니에 담겼던 육아용품들이 슬슬 사라지는 신기한 경험을 하게 될 것입니다.

셋째, 중고 거래를 활용하되 기준을 정해 봅시다.

저는 지역 기반으로 거래가 편한 '당근마켓'을 많이 이용했습니다. 예전 중고 나라에 비해 사기 위험도 상대적으로 적고, 동네 위주로 거래할 수 있어 편리합니다. 다만 당근도 중독되면 무섭습니다. 싸다는 이유로, '국민 육아용품은 우리 집에도 다 있어야지' 하는 마음으로 물건을 마구 들이다 보면 집이 순식간에 어수선해집니다. 너무 많은 물건은 오히려 아이에게도 혼란을 줄 수 있습니다. 장난감이 너무 많아 오히려 흥미를 잃고, 그 모습을 보는 부모의 허탈감이 커지기도 합니다.

그래서 저는 나름의 당근 거래 기준을 세웠습니다.

1. 무료 나눔 마구 받지 않기

무료라는 말이 주는 유혹은 정말 큽니다. 가끔은 정말 좋은 물건이 나눔으로 올라오기도 합니다. 이럴 때는 '빨리 줄 서서 거래 약속 잡아야 한다!'라는 마음이 들기 쉽습니다. 하지만 빠르게 잡는 데 신경 쓰다 보면, 하자가 있는 물건을 받거나, 지나치게 먼 곳까지 물건을 받으러 가야 하는 상황이 생기기도 합니다.

2. '싸니까 일단 산다'라는 마음 버리기

저렴하다고 다 사는 것은 아닙니다. 중고 거래에도 시세가 있습니다. 동일 물건의 시세를 살펴보고, 인터넷 최저가와 비교한 뒤, 나의 손품·발품까지 생각했을 때 중고로 구매하는 것이 진짜 이득인지 따져볼 필요가 있습니다. 평소 눈여겨보던 제품의 신품 가격과 중고 시세를 대략 알고 있으면, 중고 물품을 향한 충동구매도 줄어듭니다.

3. 아이가 지속적으로 관심을 보이는 장난감만 사기

특히 장난감은 중고 거래가 활발한 품목입니다. 놀이터, 다른 집, 키즈카페 등에서 아이가 처음 보는 장난감에 큰 호기심을 보이면,

'우리 아이에게도 사줘야지!'라는 마음이 바로 들게 됩니다. 하지만 처음 본 장난감에 일시적으로 반응하는 것만 보고 바로 사주는 건 조금 이릅니다. 호기심은 쉽게 사그라질 수 있기 때문입니다. 일정 기간 꾸준히 관심을 보이는지 지켜본 뒤에 사줘도 늦지 않습니다.

4. 아이의 위생과 직접 관련된 물건은 중고로 사지 않기

간혹 "젖꼭지 한 번도 안 썼어요", "빨대 컵 새것이에요" 같은 글이 올라옵니다. 새것을 싸게 살 수 있다면 좋지만, 정말 '새 것'인지 아무도 모릅니다. 저는 입에 들어가는 물건은 중고로 구매하지 않았습니다.

5. 당근거래 비용은 당근거래로 충당하기

아이를 낳고 나서 제가 가장 먼저 판 것은 캠핑용품입니다. '앞으로 얼마나 자주 캠핑을 갈 수 있을까? 1년 안에는 거의 못 가지 않을까?' 하는 생각이 들어, 가지고 있으면 언젠가 쓰겠지 하는 마음을 내려놓고 먼저 팔았습니다. 그렇게 집에서 쓰지 않는 물건들을 하나 둘씩 판매하다 보니 당근페이가 쌓이기 시작했습니다. 그래서 저는 당근에서 물건을 살 때는, 당근에서 판 금액으로만 거래하는 원칙을 세웠습니다. 결과적으로는 별도의 현금 지출 없이 물물교환하듯 필요한 물건을 들이게 된 셈입니다.

6. 당근거래에 너무 많은 에너지를 쏟지 않기

당근거래를 하다 보면 정말 다양한 사람을 만납니다. 불편한 일을

겪었을 땐 길게 논쟁하지 않고 신고·차단으로 정리했습니다. 판매 물품 사진을 너무 정성스럽게 찍는 데 시간을 쏟지도 않았습니다. 한 번 팔 때 3만 원 이상 받을 수 있는 물건만 판매 리스트에 올리자는 기준도 세웠습니다. 소액 거래를 위해 쓰는 시간과 에너지가 과연 그 가격에 포함된 것인지, 나의 품까지 생각해 가격 기준을 정했습니다. 또 제가 물건을 사러 갈 때도 왕복 30분 이상 걸리는 거리라면, 물건 값과 시간을 함께 고려해 구매 여부를 결정했습니다.

이렇게 각자의 중고 거래 원칙을 세워두면 돈도, 에너지도 아낄 수 있습니다.

넷째, '대여'를 적극 활용합니다.

영유아기에는 정말 짧은 기간 동안 필요한 물건이 계속 바뀝니다. 장난감만 해도 발달 단계에 맞춰 나온 제품이 수없이 많고, 아이의 싫증은 또 왜 그렇게 빨리 오는지 모릅니다. 이럴 때 활용하기 좋은 곳이 바로 '육아종합지원센터(장난감 도서관)'입니다.

전국 시군구 단위로 운영되는 육아종합지원센터에서는 각종 육아 정보 제공, 장난감·도서·육아 용품 대여, 자녀·부모 심리 상담 등 다양한 서비스를 무료 또는 저렴한 비용으로 제공합니다. 그중 제가 가장 잘 활용했던 건 '백일상 대여'였습니다. 장난감 목록을 잘 들여다보면 돌상·백일상·한복까지 대여해주는 곳이 있습니다. 단 하루 기념사진을 남기기 위해 평균 10만 원대의 백일·돌상을 대여하는 게 부담스러웠는데, 센터 대여를 이용해 비용을 크게 아낄 수 있었습니다. 모든 센터에 백일·돌상이 있는 것은 아니지만, 거주지 센터에 해당 품목이 있다면 사전 문의 후 예약을 해두면 적어도 10만 원은 절약할 수 있습니다.

이 외에도 다양한 장난감과 도서를 대여할 수 있어 구매 전 '우리 아이에게 맞는지' 시험해 보는 용도로도 좋고, 주기적으로 장난감을 교체해 줄 수 있다는 장점이 있습니다.

다섯째, 각종 이벤트에 참여해 보세요.

육아 브랜드 인스타, 블로그 공식 계정을 팔로우하고 이벤트에 참여하는 것도 좋은 방법입니다. 평소 SNS를 즐겨 하신다면, 육아 관련 정보를 SNS에서 얻는 경우가 많을 것입니다. 그러다 보면 브랜드 기념일, 신제품 출시 등으로 다양한 이벤트가 열립니다. 이때 '나는 어차피 안 될 거야', '신청하기 귀찮아'하는 마음으로 그냥 넘어가는 경우가 많습니다. 그런데 의외로 될 때가 있습니다.

특히 기저귀 한 팩만 해도 2~4만 원대입니다. 랜덤 추첨, 댓글 이벤트, 육아 인플루언서의 공동 이벤트 등 형태도 다양합니다. 가볍게 댓글 한 줄을 다는 수고로, 육아 소통도 해보고, 당첨되면 감사한 마음으로 쓰고, 안 되면 그만이라는 마음으로 도전해 볼만합니다.

여기서 한발 더 나아가, '제품 제공', '협찬' 문구가 달린 리뷰들도 보게 됩니다. 제품 제공은 체험단이나 이벤트 당첨자에게 제품을 제공하고, 그 대가로 리뷰를 요청하는 형태입니다. 공정거래위원회의 '추천·보증 등에 관한 표시·광고 심사 지침'에 따라, 이런 리뷰에는 반드시 해당 내용을 명시해야 합니다. 그래서 엄마들은 이른바 '찐 리뷰'를 보기 위해 '내돈내산'이라는 문구를 찾기도 합니다.

하지만 이렇게도 생각해 볼 수 있습니다. '리뷰를 쓸 수 있다면, 무상으로 육아용품을 얻을 수도 있겠구나.'

아이를 키우면서 필연적으로 소모되는 수많은 육아용품을, 제품 제공이나 협찬을 통해 조금이라도 절약할 수 있다면 해볼 만하지 않을까요?

단, 이러한 체험단 활동은 '겸직 불가' 직종인 공무원·군인 등에게는 주의가 필요합니다. 제품을 받고 리뷰를 작성하는 체험단 활동이 겸직으로 간주 될 가능성이 있기 때문입니다. 따라서 겸직에 문제가 없는 분들만 시도해 보시길 권합니다.

Balance : 조정하라

사실 이 부분은 '휴직을 기점으로'라기보다, 결혼과 동시에 가정이 생기면서 가장 먼저 손봐야 하는 영역일지도 모릅니다. 바로 부부의 경제 마인드 조정, 혹은 동기화입니다.

과소비 성향이라면 소비를 줄이는 데 초점을 맞춰야 하고, 지나치게 짠 내 나는 성향이라면 아이 출산 후 늘어날 지출에 스트레스를 덜 받도록 마인드를 조금 여유 있게 바꿔야 합니다. 그만큼 Balancing이 필요해지는 시점입니다.

무조건 아끼는 것만이 능사가 아닙니다. 가계의 수입과 지출의 균형을 위해 여러 경제 항목을 조정할 필요가 있습니다. 가계 소비 항목 중 고정 지출과 변동 지출을 점검하는 것이 Balance를 맞추는 첫 단계입니다.

요즘은 현금보다는 카드를 사용하는 경우가 많습니다. 토스, 뱅크샐러드, 핀크 등 자산관리 앱(PFM, Personal Finance Management)을 활용하면 카드·계좌 거래 내역을 자동으로 불러와 고정 지출과 변동 지출을 비교적 쉽게 분석할 수 있습니다. 예전에는 일일이 가계부에 적어야 했다면, 이제는 '내 소비 리포트'를 자동으로 작성·분석해 주는 앱을 활용해 보는 것입니다.

이렇게 분석하고 조정하다 보면, 지출의 흐름과 소비 습관이 눈에 들어오기 시작하고, 가계 경제를 더 자주, 더 진지하게 들여다보게 됩니다. 그렇게 긍정적으로 변화한 '경제 뇌 회로'는 육아휴직 동안 느끼는 경제적 압박감을 덜어주는 힘이 됩니다.

Optimize : 최적화하라

육아휴직 이후, 줄어든 수입과 기존의 고정·변동 지출을 비교·분석해 조정 가능한 항목을 체크하셨다면, 이제는 실제로 손을 대야 할 차례입니다. '체크만 하고 끝'이 아니라, 체크한 항목을 실제로 줄이고 바꾸는 단계가 필요합니다. 불필요한 지출을 줄이고, 꼭 필요한 지출은 효율적으로 돌려 나와 우리 가족에게 가장 잘 맞는 구조를 만드는 것이 바로 Optimize, 최적화입니다.

제 사례를 예로 들면, 우리 집 월 단위 고정 지출 항목은 통신비, 보험료, 아파트 관리비, 기부금, 각종 구독료, 대출 이자, 자녀 교육비, 저축 등이었습니다. 이 중에서 줄일 수 있는 항목을 꼽아보니 통신비, 보험료, 기부금, 각종 구독료, 저축 등이 눈에 들어왔습니다.

통신비는 3대 통신사를 사용하던 것을 알뜰폰으로 변경했고, 변경 시 상품권 등 추가 혜택을 주는 곳을 찾아 부수입까지 얻었습니다. 보험료는 전체 보험을 점검하며 군인 대상 보험으로 조정했습니다. 여러 곳에 기부하고 있었는데, 죄송한 마음을 내려놓고 단호하게 기부 중단 전화를 돌렸습니다.

또 유튜브, 넷플릭스, 디즈니플러스, 네이버, 쿠팡와우 등 알게 모르게 가입해 둔 구독 서비스가 정말 많았습니다. 이 중 자주 사용하는 것만 남기고, 남편과 계정을 공유하는 방식으로 대부분을 정리했습니다.

이렇게 고정 지출을 조정하면서, 매달 약 90만 원 정도를 절약할 수 있었습니다.

육아휴직 기간 저는 저축을 하지 않았습니다. 아니, 정확히 말하면 '못했습니다'. 부족해진 생활비로 저축까지 병행하기는 현실적으로 어려웠습니다. 대신 기존에 하던 저축이 손해 보지 않도록 구조를 바꾸는 방법을 사용했습니다.

군인공제회를 통한 저축을 하는 분들은 아실 텐데, 군인공제회는 매월 급여에서 자동으로 금액이 빠져나가 적립됩니다. 즉, 이미 줄어든 급여에서 저축 비용이 한 번 더 빠져나가는 구조입니다. 그런데 군인공제회의 가장 큰 장점이 '복리'입니다. 이것을 해지하기도 아까운 상황이었죠.

이때 활용한 것이 '군인공제회 육아휴직자 부담금 납입 정지' 제도입니다. 이 제도를 활용해 서류를 제출했고, 육아휴직 동안은 추가 납부를 중단했지만, 기존에 적립된 금액은 계속 복리로 굴러가게 했습니다. 이렇게 해서 당장 생활비에서 저축이 빠져나가는 일을 막았습니다.

물론, 이렇게 일일이 전화하고 해지를 문의하고, 제도를 알아보는 과정은 귀찮습니다. 통신사 해지 방어, 기부단체의 설득 전화도 꽤 피곤합니다. 하지만 여기서 한 번은 단호해질 필요가 있습니다. 여러분은 이제 부모입니다. 단호해야 할 때는 단호해져야 합니다.

육아휴직 내내 돈이 부족하다며 매일 불안해하는 것과, 며칠 마음 단단히 먹고 귀찮은 정리를 해두는 것. 어느 쪽이 더 나을지는 분명합니다.

Offload : 덜어내라

짐을 줄여야 합니다. Offload!

'지금 돈 얘기를 하고 있는데, 갑자기 짐을 줄이라고?' 싶은 분도 계실 겁니다. Offload는 두 가지 측면에서 볼 수 있습니다.

첫 번째는 앞에서 잠깐 언급했던 것처럼, 집 안의 물건을 중고 거래 등을 통해 판매해 수익을 확보하는 것입니다. 육아휴직 중에 쓰지 않는 물건을 팔거나, 중복 소비를 줄이기 위해 집 안의 물건을 한 번 전체적으로 점검해 보는 과정을 의미합니다.

두 번째는 공간 활용 측면입니다. 아이가 태어나면 각종 육아용품이 집 안을 빠르게 채웁니다. 사전에 팔 건 팔고, 버릴 건 버리면서 집을 정리해 두는 것이 좋습니다. 물리적인 정돈과 비움은, 생각보다 우리의 마음도 함께 정리해 줍니다. 공간이 정돈되면 육아 자체에 대한 부담도 조금은 가벼워집니다.

제가 말하는 Offload는 '무조건 버려라.'가 아닙니다. 앞으로 늘어날 육아용품과 기존 생활용품이 뒤섞여 답답함과 스트레스를 유발하지 않도록 미리 예방주사를 맞는 과정에 가깝습니다. 육아휴직에서 오는 경제적 문제는 분명 큰 부담입니다. 하지만 그와 동시에, 육아휴직이라는 시간을 받아들이는 내 마음에 '여유'를 만들어주는 것 또한 중요합니다.

이 여유는 마음으로만 다짐한다고 생기지 않습니다. 집 안의 물건을 팔고 정리하는 '행동'을 통해, 내 마음의 짐도 함께 내려놓는 경험을 해보시기 바랍니다.

Transform : **변화하라**

정말 부끄러운 이야기지만, 저는 재테크에 무지했습니다. 그저 근로소득을 꾸준히 벌면서 과소비만 하지 않고 저축하는 삶을 살면, 그게 성실하게 사는 것으로 생각했습니다. 그런데 육아휴직을 하면서 기존에 받던 급여가 줄어들고, 남편에게만 의지해 지내다 보니 자존감이 지하를 뚫고 내려가는 느낌이었습니다. 육아로 인한 부담, 경제활동을 하지 못하는 환경이 겹치면서 우울감도 느꼈습니다.

그런 제 눈을 뜨게 한 것이 바로 '재테크'였습니다. 군인이라는 직업이 주는 금전적 안정성 때문에, 그전까지는 재테크를 크게 생각하지 않았습니다. 매달 10일이면 급여가 안정적으로 들어오는 삶이었으니까요. 하지만 어느 날, 그 급여가 반 토막… 아니, 반도 못 받는 순간이 찾아오니 마음이 조급해지더라고요.

그래서 저는 Transform, 변화하기로 결심했습니다. '경제적 마인드를 바꿔야겠다'라는 생각이 들었습니다. 여기에 가장 큰 영향을 준 사람은 남편이었습니다.

군대 안에서는 재테크 이야기가 거의 금기시되는 분위기이고, 주변에서 재테크를 잘 아는 사람도 드뭅니다. 반면 남편 회사에서는 재테크 이야기를 하는 동료들이 많았습니다. 이유를 들어보니, 군인은 관사를 제공받는 경우가 많아 주거비 부담이 상대적으로 적지만, 일반 직장인들은 주거 문제를 해결하기 위해 큰 대출을 끼고 이자와 원금을 갚아야 하는 상황이 많다는 것입니다. 그만큼 재테크에 관심을 가질 수밖에 없는 환경이었던 거죠.

남편 책상 위에 경제 서적이 하나둘 쌓여가는 것을 보며 저도 궁금해졌습니다. '어떤 책을 보고 있을까?', '도대체 무슨 내용을 공부하길래 이렇게 열심일까?'

세상에 돈 안 좋아하는 사람이 얼마나 있겠습니까. 저도 돈, 잘 벌고 싶었습니다. 다만 군인이라는 신분으로 돈을 추가로 벌 수 있는 방법에는 한계가 있었고, 그나마 가능한 것이 재테크뿐이었습니다. 여기에 육아휴직이라는 상황까지 더해지니, 재테크는 '있으면 좋은 것'이 아니라 '필수'에 가까운 영역이 되었습니다.

다만 재테크라는 것이 공부 없이 무작정 뛰어들면 오히려 손해를 볼 수 있는 무서운 영역이기도 합니다. 그래서 우리는 '경제 지식'을 완전히 Transform, 바꾸는 과정이 필요합니다.

단순히 절약만으로 육아휴직의 돈 문제를 해결하는 것에서 그치지 않고, 나의 소비 철학과 가치관을 바꾸어, 돈의 흐름도 삶의 방향도 함께 재정립하는 시간을 가져야 합니다.

그렇게 바뀐 경제 가치관을 재테크에 적용해 안전한 투자로 이어갈 수 있다면, '여유 있는 육아휴직'과 '여유 있는 미래'를 동시에 준비할 수 있을 것입니다.

여러분의 휴직은 '멈춤'이 아니라, 재정 리부트(REBOOT)의 시기입니다.

Receive, Economize, Balance, Optimize, Offload, Transform

받고, 아끼고, 조정하고, 최적화하고, 덜어내고, 변화하세요.

이 여섯 단계가 여러분의 재정 산소호흡기가 되어, 육아휴직 기간의 불안을 걷어내고 다시 숨 쉬게 할 것입니다.

다잉 꿀팁

저는 최신 정보를 받기 위해 지역 맘카페에 가입해 활동하는 것도 많은 도움이 되었습니다. 당근마켓은 중독성이 강하기 때문에 '꼭 필요한 것만 산다'라는 원칙을 세워두는 것을 추천드립니다. 당근으로 거래한 금액은 당근으로 구매한다 하는 철칙도 있습니다. 집을 비우는 것도 중요하더라고요.

딱 1분만 생각하기

1. 지금 월 지출에서 '바로 줄일 수 있는 항목'은 무엇인가요?

→ 옆 칸에 '줄이면 생기는 변화'도 적어보기 (예: 구독 서비스 / 배달비 / 교육비 / 쇼핑비 등)

2. 원하는 휴직 기간은 몇 개월인가요? 그 이유는 무엇인가요?

→ 이유 1줄, 감정 1줄로만 적게.

3. 휴직 중 꼭 유지하고 싶은 생활 비용(필수비용)은 얼마인가요?

→ "내 필수비용 = ________원"

육아휴직을 선택하는 마음

우리는 왜 육아휴직을 선택할까요? 육아의 사전적 의미는 '어린아이를 기르고 돌봄'입니다. 하지만 돌봄은 꼭 부모만 해야 하는 건 아니잖아요. 조부모님, 보육 전문가, 다양한 방식의 돌봄이 존재합니다. 그런데도 우리는 왜 잘 다니던 직장을 멈추고 직접 육아를 선택할까요?

저는 이 질문이 육아휴직을 고민하는 모든 사람이 반드시 스스로에게 던져야 하는 중요한 물음이라고 생각합니다.

저는 출산을 기점으로 가치관이 완전히 달라졌습니다. 임신 전에는 스스로의 삶을 끌고 가는 뚜렷한 기준이 없었는데, 배 속에 젤리곰이 들어온 순간부터 세상을 바라보는 시야가 확 달라졌어요. 건강한 출산을 위해 몸에 좋지 않다는 것은 자연스레 멀리했고, 태교를 위해 독서·기록·운동 같은 새로운 행동들이 제 삶에 들어왔습니다. 새끼손톱보다 작은 생명 하나가 제 삶을 좋은 방향으로 잡아끄는 느낌이 들었죠.

저를 긍정으로 이끄는 존재를 잘 기르고 싶었습니다. 그래서 다시 '육아'를 검색해 보았습니다. '부모나 보호자가 아이의 신체적·정신적 성장을 돕는 과정'이라는 정의. 결국 부모가 직접 돌보고 싶은 이유는 아이의 성장 과정에 가장 깊이 관여하고 싶은 마음 때문이었습니다. 저 역시 부모님께 맡길 상황도 아니었고, 아이 곁에서 그 과정을 함께하고 싶었기 때문에 육아휴직을 선택했습니다.

하지만 육아휴직은 단순히 '아이 때문에 쉬는 것'이 아닙니다. 이것은 내 삶에서도 엄청난 결심입니다. 출산 자체도 큰 변화였는데 잘 다니던 직장에서 수개월을 비운다는 것, 경제적 부담, 조직 내 시선, 복직 후 커리어 불안까지 모두 고려해야 하니까요. 그래서 많은 사람들이 스스로에게 이렇게 묻게 됩니다.

"나는 일을 그만하려는 걸까?"

"아니면 이 선택을 내가 정말 필요로 하는 걸까?"

저는 육아휴직을 하며 직장을 포기하고 싶다는 마음은 단 한 번도 들지 않았습니다. 오히려 직장을 떠 있으니 복직 후 더 잘하고 싶었습니다. 돌아갈 직장이 있다는 것, 나의 업무를 대신 채워주는 동료들이 있다는 것이 감사하게 느껴졌습니다. 휴직하면서 오히려 제 직업의식은 더 견고해졌습니다.

육아휴직 초반에는 매일 아침 출근을 하지 않는다는 것이 기뻤습니다. 가족을 안전하게 보호하는 사람이 됐으니 강한 책임감과 자부심을 가질 수 있었고요. 하지만 시간이 지날수록 지쳐갔습니다. 오히려 출근하고 싶다는 마음까지 들었죠. 하루 24시간이 아이 중심으로 돌아가는 퇴근 없는 일상, 열심히 하는데, 눈에 보이지 않는 성과. 그리고 금융 치료는 더더욱 없었습니다. '이게 맞나?' 하는 회의가 찾아왔습니다.

그럴 때마다 저는 스스로에게 질문을 던졌습니다.

"내가 왜 육아휴직을 했지?"

저는 이 질문에서 두 가지 답을 찾았습니다. 하나는 아이의 성장을 돕고 싶어서였고, 또 하나는 나 자신도 돌보기 위해서였습니다. 아이가 처음이듯, 엄마·아빠도 처음입니다. 출산이라는 고비를 넘기자마자 육아라는 또 다른 고비가 시작되는데, 많은 초보 부모는 '나 돌보기'를 잊습니다. 하지만 평생 나를 데리고 함께할 사람은 아이가 아니라 나 자신입니다. 회복 없이 바로 복직했다면, 그 뒤의 삶은 훨씬 더 힘들어졌을 것입니다.

아빠들의 육아휴직도 마찬가지입니다. '아빠들은 애만 잘 보면 되는 건가?'라고 묻는 분이 계신다면 NO! 라고 말씀드리고 싶어요. 아주 큰 가정의 무게를 짊어지고 각종 스트레스로 고된 일상을 견뎌낸 아빠들도 잠시 짐을 내려놓고, 재정비하는 시간으로 삼으셨으면 합니다. 제일 멋진 아빠는 아이의 기억 속에 오래 남아 있는 아빠입니다. 나에게 평생 품어져 있는 품 안의 나를 돌보는 시간으로도 육아휴직을 생각하시면 좋겠습니다. 100세 시대에서 인생의 1/3을 쉼 없이 열심히 달려온 우리에게 육아휴직은 단순히 아이를 위한 시간이 아니라, 아이와 나를 함께 키우는 시간입니다.

저도 처음 휴직할 때는 당연히 아이를 위한 휴직이라고만 생각했습니다. 그렇게 수개월을 아이만을 바라며 육아했고요. 그렇게 하다 보니 내가 없고 한 아이의 엄마로만 살고 있는 걸 깨닫는 순간 심한 우울감이 찾아왔습니다. 긴 휴직으로 무급휴직으로 전환된 어느 날이었습니다. 친구들이 있는 단톡방에 "너무 우울하다. 이렇게 사는 게 맞는 건가?"라고 물으니 "네가 우울하다고? 너는 우울하면 안 돼!" 할 정도로 평생 밝은 이미지로 살아왔던 저였습니다. 저도 긍정, 밝음으로 똘똘 뭉친 사람이라 생각했고 그렇게 살았는데 육아휴직은 제 평생 없을 것 같은 우울감을 선물했습니다.

그때 알았습니다. 육아휴직은 더욱 철저히 나를 잘 돌봐야 하는 것이었습니다. 그리고 그동안 열심히 살아온 나에게도 잠깐의 휴식을 주며 아이도 나도 잘 키워보고자 하는 행동으로 생각했으면 합니다. 그렇게 나도 아이도 잘 키우다 보면 조직에도 긍정적인 영향을 끼치고 그 조직의 긍정적인 활성이 더 나아가 사회에도 좋은 영향을 끼칠지는 아무도 모르는 일이니까요.

육아휴직 마인드를 세우는 다섯 가지 시선

육아휴직 선언의 두려움을 극복하고 휴직을 시작한 여러분께 큰 박수를 보냅니다. 마음먹기가 정말 쉽지 않았을 거거든요. 많은 고민 끝에 '그래, 나도 해보자'라고 결정한 당신은 이제 육아휴직이라는 여행을 준비하는 여행자가 되었습니다. 저는 육아휴직을 해외여행에 빗대어 이야기해 볼까 합니다.

해외여행 출발할 때 떨리는 첫 순간은 바로 비행기가 활주로를 달리기 시작하는 순간입니다. 엔진은 굉음, 흔들리는 기체…. 많은 생각이 스칩니다. '폭발하면 어떡하지?, 장시간 비행 잘 버틸 수 있을까?' 수많은 불안이 스칩니다. 이륙했기에 돌아갈 수도 없다는 압박감까지…. 이런 감정을 심리학에서는 '비행공포증'이라고 부릅니다. 비행공포증은 단순히 '비행기가 무섭다'가 아니라 '내가 통제할 수 없는 상황에 놓였을 때의 불안입니다. 육아휴직도 마찬가지입니다. 그래서 필요한 건 통제감과 예측 가능성을 회복하는 것입니다.

첫째, 인지 재구성이 필요합니다. 이제 여러분은 조직 소속이 아닌 가정에 집중하는 사람이 되었습니다. 회사에 가정의 일을 가져오지 말고, 가정으로 회사의 일을 가져오지 말라는 이야기를 들어보셨을 겁니다. 결단력을 가져야 합니다. 난 육아 휴직을 한 사람이다. 라고 선언하세요. 이 말이 나를 보호해 줄 겁니다.

둘째, 점진적으로 상황을 받아들여야 합니다. 하루아침에 일! 가정! 이렇게 하기도 사실 어렵습니다. 휴직 초반에는 휴가 같은 기분이 듭니다. 아침잠도 실컷 자고 각종 보고서를 작성하지 않아도 된다는 생각에 스트레스 지수가 0에 가까워집니다. 그런데 현실은 완전히 끊어지지 않습니다. 업무 인수인계도 잘하고 왔음에도 전화나 협조 요청이 들어올 수 있습니다. 이럴 때는 차갑게 선을 긋기보다 유연하게 대처하세요. 상황의 끝에는 반드시 "지금은 휴직 중이라 이후에는 00 님께 연락 부탁드립니다."라고 전달함으로써 나도, 상대도 휴직 중인 상황을 받아들이게 해줍니다.

셋째, 나는 좋은 부모다. 라는 자기 확신을 세우세요. 지금, 이 순간 당신이 가장 필요로 하는 곳은 회사가 아니라 가정입니다. 그리고 부모를 가장 필요로 하는 존재는 아이고요. 육아휴직을 잘한 걸까? 생활하면서 경제적으로 부담되는 일은 생기지 않을까? 복직하면 나는 잘할 수 있을까? 하는 불안한 마음이 들 때면 웃는 아이의 얼굴을 떠올리세요. 더 많이 더 자주 떠올리세요. 이게 바로 휴직을 버티는 힘이자 이 시기를 잘 보내는 가장 확실한 방법입니다. 자녀의 웃음에 나도 함께하고 있는 상황을 많이 만들어 보세요. 웃음소리가 많다는 건 육아휴직을 가장 잘 보내는 신호일 테니까요.

넷째, 휴직에 초점을 맞추지 말고 '육아'에 초점을 맞추세요. 육아휴직을 말 그대로 육아를 위한 휴직입니다. 간혹 휴직을 '휴식의 시간'으로 오해해, 하루 계획을 세우지 않고 아이의 건강, 성장과 관련된 행위도 일절 하지 않는 사람도 있습니다. 그렇게 되면 아이와 함께 있는 시간이 아니라, 그저 직장에서 떨어진 시간이 될 뿐입니다.

그래서 관점을 바꿔야 합니다. '나는 지금 쉬는 사람이 아니라, 아이와 함께 성장하는 사람이다'라고, 생각해야 합니다. 관점 하나를 바꾸면 가정이 달라집니다.

다섯째, 미안한 마음 삭제하세요. 육아휴직을 하는 사람은 크게 두 부류로 나뉩니다. 출산과 동시에 휴직하는 사람, 워킹맘(대디)으로 살다가 휴직을 하는 사람으로요. 이번 단락에서는 후자를 대상으로 이야기해 볼게요. 첫째를 낳고 1년 6개월을 휴직 후 복직했습니다. 복직과 동시에 아이의 어린이집 등원은 불가피했고 제일 늦게 하원하는 아이가 되었습니다. 또 각종 부모 참여 행사 불참, 열이나 하원 요청 전화를 받아도 바로 갈 수 없는 상황 등등 정말 필요할 때 옆에 없는 부모가 된 것 같아 미안했습니다. 미안한 마음 아이에게만 있을까요? 같이 일하는 동료들에게도 쌓여갔습니다. '내가 빠지면 팀에 부담이 되겠지?', '다들 야근하는데 나만 먼저 가서 미안하네' 하며 일과 육아 사이에 균형을 잡으려다 보니 결국 양쪽에 미안한 사람이 되어버렸습니다. 하지만, 이 미안함은 내가 잘못해서가 아니라, 완벽해지려는 마음에서 비롯된 불균형이라는 걸 깨달았습니다. 육아휴직은 불균형을 회복하기 위한 시간이라 생각합니다. 좋은 부모의 가능성을 발현시키고 육아에 몰입하는 균형을 실행하는 것입니다. 그렇기에 미안한 마음을 삭제하고 감사함으로 바꾸기 바랍니다. '앞으로 아이와 함께 할 수 있는 시간이 많아졌다가 감사하다.', '나의 부재를 채워주는 동료들에게 감사하다.' 하는 마음으로 말입니다. 휴직은 죄송해야 할 일이 아니라 나와 아이, 사회가 함께 성장하기 위한 선택입니다.

딱 1분만 생각하기

1. 내가 육아휴직에서 꼭 얻고 싶은 것은 무엇인가요?

→ 예) 아이와의 시간 / 나의 회복 / 커리어 재정비 / 생활 루틴.

2. 휴직 기간 동안 '매일 10분이라도' 하고 싶은 일은 무엇인가요?

→ 예) 기록하기, 산책, 스트레칭, 독서 등.

3. 휴직이 끝났을 때, 나는 어떤 모습이면 좋을까요?

→ "휴직 후 나는 ______한 상태였으면 한다."

두려움을 짐에 넣고 떠나는 여행

많은 고민과 상황을 판단한 끝에 휴직을 결정했지만, '이게 맞는 걸까?' 하는 생각은 불쑥불쑥 튀어나옵니다. 그 생각 뒤에는 '복직 후 평가에서 불이익이 있는 건 아닐까?', '설마 내 자리가 없어지는 건 아니겠지?', '원래 자리로 무사히 돌아갈 수 있을까?' 같은 걱정이 실타래처럼 이어지죠. 그런데 이런 반응은 지극히 자연스러운 거예요. 사람은 새로운 일을 앞두면 자동으로 방어기제를 작동시킵니다.

회사 회의에서 새로운 프로젝트 멤버를 꾸리고 있다고 해봅시다. 그 일을 해본 사람은 아무도 없어요. 그럼, 여러분은 어떤 파인가요?

'새로운 일? 힘들어도 배워보고 싶어!' 하는 변화 즐김 파,

'기존 일도 벅찬데 새로운 일이라고? 나 안 할래…' 하는 변화 회피 파.

이 반응은 성향 차이의 문제라기보다, 인간 뇌의 기본 설정에서 비롯됩니다. 뇌는 낯선 상황을 만나면 '위험하다'라고 판단하도록 설계되어 있거든요. 새로운 업무를 맡거나 익숙한 환경에서 벗어나려 하면 편도체가 가장 먼저 반응합니다. 생존을 위해 위험을 감지하던 오래된 회로가 지금도 여전히 작동하면서 불안·긴장·회피 반응

을 일으키는 겁니다.

그러니 '이게 맞는 선택일까?' 하는 질문이 떠오르는 건 의지가 약해서가 아니라, 살아있는 사람이라면 누구나 겪는 자연스러운 감정이에요. 저 역시 그랬습니다. 출산과 육아, 그리고 휴직은 인생의 큰 변화이고, 말 그대로 새로운 세계로 들어가는 3가지 관문을 통과하는 거니까요.

그런데 이렇게 생각해 보면 어떨까요? 해외여행을 떠나는 마음과 참 닮았습니다. 제 첫 해외여행은 22살에 친구와 함께 갔던 일본이었어요. 모든 게 처음이라 기대 반, 두려움 반이었죠. 다행히 일행 중 일본 경험이 있고 일어도 능숙한 친구가 있어서 막연한 두려움이 줄었고, 여행 커뮤니티 정보가 큰 도움이 되었습니다.

지금은 해외여행이 더 이상 특별한 이벤트가 아니잖아요. 인천 국제 공항 방문객 수가 연일 최고치를 경신한다는 기사도 흔해졌고, 사람들은 한 번만 여행을 다녀오지 안잖아요. 누군가의 경험이 또 다른 사람에게 용기가 되고, 그렇게 여행자는 점점 늘어납니다. 여행 상품이 다양해지고, 비행 노선이 늘고, 비용이 합리적으로 바뀌는 것도 그 용기들이 쌓인 덕분이죠. 두려움을 넘어선 사람들이 많아질수록 여행은 더 익숙하고 안전한 일이 되어갔습니다.

육아휴직도 비슷하다고 생각해요. 실제로 고용노동부 통계에 따르면 육아휴직 사용자는 매년 꾸준히 증가하고 있거든요. 2023년엔

18만 명 이상이 육아휴직을 사용했고, 남성 사용자는 3만 명을 넘으며 10년 전보다 무려 8배나 늘어났습니다. 공공기관·대기업뿐 아니라 중소기업에서도 육아휴직 사례가 빠르게 늘어나는 중이죠. 제도도 매해 긍정적으로 변화하고 있고요.

물론 '육아휴직 하면 복직 후 진급 누락되거나 자리 없어지는 거 아닌가요?'라는 불안감도 큽니다. 그건 복귀자의 긍정적인 사례보다 부정적인 사례가 더 크게 기사화되기 때문입니다. 체감이 과도하게 불안해지는 건 자연스러운 일이에요.

저와 남편의 사례를 이야기해 볼게요. 저는 첫째 육아휴직을 1년 6개월 했지만, 소령으로 진급했고, 남편은 8개월 육아휴직을 했지만, 회사에서 정시로 과장 진급을 했습니다. 특히 남편 회사는 남성 육아휴직 비율이 매우 낮은 곳이었는데, 육아휴직 후 정시 진급한 건 최초였어요. 우리 부부 사례만 보더라도 '육아휴직 = 진급 불이익'이라고 단정 짓기 어렵습니다.

그렇다고 현실적인 리스크가 전혀 없다고 말하기도 조심스럽습니다. 조직에 기여한 시간이 많은 사람에게 유리한 환경이 존재하는 건 사실이니까요.

그래서 육아휴직은 늘 어렵습니다. 두 마리 토끼를 동시에 잡을 수 없다면, 순차적으로 잡아 보는 건 어떨까요? 육아휴직은 지금 하는 일을 잠시 내려놓고, 나와 가족이라는 또 다른 세계를 경험하는 시간일 뿐이라고 생각해 봅시다. 우리는 다양한 두려움을 안고도 그 한 걸음, 두 걸음을 내딛는 사람들입니다.

지금 용기를 내 휴직을 선택한 여러분은 누군가 먼저 걸어간 길을 보고 '나도 해볼 수 있지 않을까?' 하고 출발선에 선 사람들이에요. 그리고 실제로 여러분이 걷게 될 길은 완전히 낯설지 않습니다. 누군가의 용기 덕분에 제도가 다듬어졌고, 사회의 시선도 조금씩 변하고 있으니까요. 그리고 이제 여러분도 그 변화를 이어갈 또 한 사람이 될 겁니다.

두려움을 느끼는 건 이상한 일이 아닙니다. 낯선 공항의 입국심사대 앞에서 가슴이 두근거리는 것과 같은 자연스러운 감정입니다. 하지만 그 문을 통과하고 나면, 육아휴직이라는 여행지 안에서 새로운 나를 만나게 될 거예요. 그리고 언젠가 누군가가 여러분의 이야기를 듣고 용기를 낼지도 모릅니다. 그때 여러분은 누군가의 희망으로 존재하게 되어 있을 겁니다.

그러니 너무 두려워하지 마세요. 당신의 육아휴직은 멈춤이 아니라, 삶의 방향을 새롭게 그리는 여행이니까요.

다씽 꿀팁

현실 체크리스트 / 육아휴직 전후 꼭 확인할 것! 감정은 마음이 달래주지만, 불안을 줄이는 건 '정보'입니다. 아래 네 가지는 휴직 전후 반드시 점검해두면 좋은 현실 대응 팁입니다.

① 법적 근거 확인하기

남녀고용평등과 일·가정 양립 지원에 관한 법률 제19조

→ 육아휴직을 이유로 한 해고·불이익 처우 금지

→ 복귀 시 휴직 전과 같은 수준의 직무 및 임금 보장

근로기준법 제23조

→ 정당한 이유 없는 해고 금지

→ 육아휴직 기간 중 해고는 원칙적으로 불가

[포인트] 법에 따라 휴직자는 보호받는 지위에 있습니다.

"혹시 불이익이 생기면?"이라는 불안보다

"어떤 근거로 보호받는가?"를 먼저 확인하세요.

② 회사 내규 살펴보기

취업규칙·인사규정에 있는 '휴직자 평가 기준', '복직 시 배치 원칙' 항목을 반드시 읽어보세요. 휴직 전 직무 기술서, 직책·성과 기록, 인수인계 자료를 보관해두면 복귀 후 동일 직무 요청 시 근거가

됩니다.

[포인트] 휴직하기 전에 '희망 직무 리스트'를 기록해두면, 복귀 후 자리 논의 때 훨씬 수월해집니다.

③ 서면으로 남기기

휴직·복귀 관련 요청이나 협의 내용은 메신저보다 이메일로 공식 기록을 남겨두세요.

예시 문구:

"복귀 후 동일 직무 배치 협의 요청드립니다."

"인사규정 ○○조 기준에 따른 복귀 일정을 확인하고자 합니다."

[포인트] 말은 사라져도 기록은 남습니다. 작은 문장 하나가 나중에 나를 지켜줍니다.

④ 도움받을 수 있는 창구

고용노동부 고객상담센터 1350 또는 일생활 균형 (워라벨) 포털

성평등 가족부 (구, 여성가족부) '가족 친화 지원 사업 누리집'

한국여성노동자회 상담센터

회사 내 고충처리위원회 또는 인사담당자 이메일

[포인트] 혼자 불안해하지 말고, 공식 창구를 활용하세요.

상담은 기록으로 남고, 기록은 근거가 됩니다.

딱 1분만 생각하기

1. 지금 가장 걱정되는 점을 1가지 적어주세요.

→ "나의 1순위 걱정은 ______________________________."

2. 이 걱정이 현실이 될 가능성은 얼마나 된다고 느끼나요?

→ 1 (거의 없음) ~ 5 (매우 높음)

3. 이 걱정이 현실이 되지 않도록 당장 할 수 있는 '가장 작은 행동'은 무엇인가요?

→ 예) 전화 1통, 제도 확인, 선배에게 질문 등 구체 행동 한 줄.

비로소 부모가 된다.

육아휴직은 개인의 결정이 아니라 가족의 재편성입니다. 가정은 하나의 조직이고 부모는 각각의 역할을 가진 공동 리더로서 책임감을 가져야 합니다. 육아휴직을 하게 되면 가장 크게 변하는 건 가족 수, 가계 수입과 지출이에요. 부모 중 한 사람이 일을 멈춘 순간, 가족의 시스템은 완전히 달라집니다. 회사에서도 매일, 매주, 매월 업무 회의를 하듯 각자의 업무 진도를 공유하고 임무를 분담합니다.

특히 비상 상황이 발생하면 모두가 머리를 맞대고 회의를 하죠. 매일 회의는 어렵더라도, 가정의 비상 상황인 육아휴직 전에는 '가족 작전 회의'가 필수입니다. 가사 분담, 육아 시간, 경제 계획, 휴식 시간 등을 사전에 구체적으로 합의해야 해요. '대충 하다 보면 맞춰지겠지'라는 위험한 시작입니다. 겉으로는 계산적이라고 느껴질지 몰라도 회의 없이 각자의 기준으로 움직이면 계산 착오가 이어지고, 그게 결국 더 큰 문제를 만듭니다. 그렇기에 육아휴직 동안 서로의 생각을 공유하고 역할을 명확히 나누는 과정이 필요합니다.

가정은 조직처럼 운영되어야 합니다. 회사에도 기획팀·운영팀·영업팀이 있듯이, 가정에도 역할이 존재하죠. 수익을 담당하는 사람은 비 휴직자이고, 가족의 일상 운영과 관리·기획을 담당하는 사람은 휴직자가 하는 것이 자연스럽습니다. 어느 한 팀이 멈추면 회사가 돌아가지 않듯 가정도 마찬가지입니다. 이때 비 휴직자는 휴직자의 '성과'를 인정해야 합니다. 비 휴직자는 돈이라는 눈에 보이는 성과를 가져오지만, 휴직자는 잘해야 본전인 가사·육아라는 보이지 않는 성과를 담당합니다. 그래서 "오늘 잘 쉬었어?" 같은 말은 금물이에요. 휴직자는 쉬는 사람이 아니라 가족의 시스템을 설계하고 운영하는 기획자이자 실무자입니다. 육아를 위해 직장 생활을 멈춘 사람이라는 점을 잊으면 안 됩니다.

대부분의 가정에서 엄마는 아이의 첫 번째 기획 노동자가 됩니다. 출산과 동시에 육아휴직을 하면서 아이와 관련된 모든 기획의 출발점이 엄마에게서 시작되는 구조 때문입니다. 아이의 옷, 기저귀, 분유 같은 생필품부터 언제·어디서·어떻게 먹이고 재울지, 예방접종 일정, 어린이집 입소 준비, 성장 앨범, 돌잔치까지 모든 '프로젝트'의 기획자 역할을 엄마가 자연스럽게 맡습니다. 저 역시 처음에는 그게 당연하다고 생각했어요. "내가 휴직했으니까, 내가 해야지." 그런데 남편이 이어서 육아휴직을 하게 되었을 때 깨달았습니다. 기획과 실행은 전혀 다르다는 것을요. 남편은 아이도 잘 돌보고 집안일도 잘 해냈지만, '무엇을, 언제, 어떻게' 해야 하는지에 대한 기획 단계는 여전히 제 몫이더라고요. 키즈노트 확인, 준비물 챙기기, 보육료 결제, 영유아 검진 예약, 아이의 발달 단계에 맞는 놀이 찾기, 성장에 따라 옷 구매하기 등등이요.

첫 번째 육아휴직을 마치고 바로 중대장 직책을 맡게 되었습니다. 지휘관으로 부대를 챙기는 것도 벅찼는데 아이의 기획까지 하는 건 쉽지 않았습니다. 그러다 이사를 해야 했고, 어린이집도 옮겨야 하는 상황이 생겼습니다. 그래서 한 번은 남편에게 "이번에는 당신이 어린이집을 찾아볼래?" 하고 기획을 맡겼습니다. 결과는… 3주 뒤 퇴소였습니다. 아이가 새벽마다 울면서 깨고, 어린이집 근처만 가도 겁에 질려 울고 버티는 상황이 이어졌어요.

제가 휴가를 내고 원에 방문해서 선생님들과 인사도 나누고 원 분위기를 살폈습니다. 남편도 그 자리에서 동의했어요. 3주 동안 '뭔가 이상한데?' 하는 느낌은 있었지만, 동시에 '처음이면 그럴 수도 있지' 하며 넘어갔던 부분들도 있었다고 하더라고요. 이때 또 깨달았습니다. 정말 대화를 많이 해야 하는구나, 하고 말이죠. 남편은 제가 바쁘니까 괜히 부담 주기 싫었고, '이런 것도 말해도 되나?' 하는 마음이 컸다고 했어요. 저는 복직과 중책에 대한 부담으로 하루하루 버티듯 지내던 시기여서 더 그랬던 것 같아요.

이 상황이 꼭 조직 내 업무 관계 같더라고요. 전임자에게 물어보면 금방 해결될 일인데, 후임자는 매뉴얼만 보고 스스로 잘해보려는 그런 상황이요. 남편도 그랬던 것 같아요. 남편은 평가 지표가 좋은 기관을 기준으로 선택했지만, 아이의 성향과 원의 분위기, 선생님들과의 대화 및 태도, 과거 이슈 같은 정성적 요소를 고려하기는 어려웠던 거죠. 저는 엄마들과의 대화, 맘 카페에서 알려주는 어린이집 선정 시 주의 사항 등 자연스러운 정보망에 이미 연결된 상태였고요. 이게 어린이집 선택의 질을 좌우하는 큰 요소였어요. 남편은 그 정보망에 접근하기 어려웠고요. 저는 다시 주변에 수소문해 평판이 좋고 아이 성향과 맞는 어린이집을 찾았고, 옮기자마자 아이는 빠르게 안정되었습니다. 새벽 불안도 사라졌고요.

프로젝트의 기획자나 부대 지휘관이 바뀌면 방향과 결과가 달라지는 것은 조직에서는 흔한 일입니다. 하지만 그렇다고 해서 구성원들이 아무렇지 않은 건 아니죠. 조직에서도 전략이나 목표가 바뀌면 혼란이 생기고, 새 흐름에 적응하는 데 시간이 걸립니다. 어른들도 이런데 아이들은 얼마나 더 예민하게 받아들이겠어요. 많은 육아서가 말하듯 아이에게는 '일관성'이 곧 안정이고, 그 안정이 바른 성장의 기반입니다. 그래서 기획자가 바뀌더라도 아이의 생활 원칙, 양육 철학, 부모의 태도 같은 큰 틀만큼은 흔들리지 않아야 합니다. 작은 방식은 달라질 수 있어도 아이가 느끼는 방향성은 같아야 해요.

결국 부모의 역할 분담은 '누가 더 많이 하느냐'의 문제가 아니라, 서로 맡은 역할을 이해하고 아이의 성장을 같은 목표로 바라보며 함께 움직이는 일이더라고요. 그리고 육아휴직은 '누가 더 힘드냐'를 겨루는 시간이 아니었습니다. 휴직자와 비 휴직자의 조화가 맞춰지기 시작할 때, 처음 접하는 부모라는 삶 속에서도 가정의 안정과 균형이 만들어졌어요. 그 과정에서 아이도, 부모도 함께 자라더라고요.

지금도 충분히 멋진 부모지만, 육아휴직을 통해 아이와 찐하게 연결되고 나와 가정을 동시에 돌보며 매일 조금씩 나아지는 부모가 될 것입니다. 이건 제가 장담합니다. 가정을 안정적이고 발전적으로 운영하는 것, 그게 부모가 함께 가져야 할 공동 목표일 테니까요.

결국 부모는 가정이라는 조직의 공동 리더입니다. 서로가 잘하는 것을 알아차리고 존중하며 각자의 역할을 해낼 때, 우리는 비로소 부모가 됩니다.

딱 1분만 생각하기

1. 지금 내가 배우자에게 가장 바라는 1가지 역할은 무엇인가요?

→ "나는 __________을(를) 도와줬으면 해."

2. 내가 맡을 수 있는 영역은 무엇인가요?

→ "나는 __________을(를) 책임질 수 있어."

3. 휴직 중 가족과 함께 이루고 싶은 목표 1가지는 무엇인가요?

→ 예) 아침 산책 함께하기, 한 달에 한 번 가족데이트 등

육아의 밀도를 높이기 위해 보냈던
거실에서의 치열하고도 다정한 시간들

나를 키워주신 부모님의 주름진 손을 잡고,
내 아이들의 작은 손을 이끌며 걸었던 잊을 수 없는 여행

아이랑 찐해지기

집안 환경 바꾸기

두 번의 휴직은 두 번의 임신을 통해 시작되었습니다. 출산 한 달 전 출산휴가에 들어가면서 본격적으로 아이 맞이 준비를 하게 되었죠. 만삭의 배로 집에 가만히 있으려니 답답했고, 직장 생활을 하면서 항상 흐린 눈으로 넘겼던 집 안 곳곳이 눈에 들어오기 시작했습니다. 하루 대부분을 부대에서 보내다 보니 집은 그저 잠시 머무르는 장소였지만, 앞으로는 아이와 하루를 보내는 주 무대가 되는 공간이었습니다. 그래서 저는 새로운 시각으로 집을 바라봤습니다. 주방의 식기 위치를 조정하고, 거실의 동선을 다시 짜고, 아이가 위험한 요소는 없는지 살폈습니다. 바닥 생활을 하게되니 매트를 깔고 구석구석 먼지를 정리했습니다. 버릴 건 버리고 필요한 건 들이며 집안을 재정비했죠.

그런데 이때 꼭 기억해야 할 점이 있습니다. 정리의 목적은 '나의 편리함'이 아니라 '가족의 조화'라는 것입니다. 제가 겪은 실화를 바탕으로 한 이야기를 들려드릴게요.

육아휴직을 시작한 엄마가 있었습니다. 집을 둘러보다 보니 TV 옆에 먼지 수북한 플레이스테이션이 보였습니다. 신혼 때 남편에게 선물했던 게임기였지만 남편이 하는 걸 거의 본 적이 없습니다.

'괜히 샀다. 우리 집에는 필요가 없네.'

이렇게 생각하고 당근에 매물로 올렸고, 금세 팔렸습니다.

"잘 됐다. 공간도 넓어지고 돈도 벌었네!"

남편이 묻습니다.

"여보, 플레이스테이션 어디 갔어?"

"그거? 1년 넘게 안 해서 내가 팔았어. 돈도 벌었어. 좋지?"

그 순간 남편의 표정이 굳어졌습니다.

"내 물건을 왜 함부로 팔아? 내가 여보 물건을 아무 말 없이 팔면 좋겠어?"

정리하고자 했던 마음이 순식간에 '플스 사건'이 되어 부부 싸움으로 번지는 순간이었습니다.

실제로 저희 부부의 경우에는 상의 끝에 판매했고 판매 금액도 모두 남편에게 주었습니다. 하지만 분명 많은 가정에서 일어날 법한 일입니다. 누군가에게 쓸모없는 물건이 누군가에게는 추억이고 소장만 해도 좋은 물걸 일 수 있으니까요. 그래서 저는 남편에게 마음의 준비 시간을 충분히 주었고, 우리 부부는 싸우지 않고 이 과정을 잘 넘길 수 있었습니다.

그런데 상의가 필요한 건 정리뿐이 아닙니다. 소비도 마찬가지입니다. 예를 들어 요즘 엄마들 사이에서 유행하는 특정 브랜드 아기

의자가 있습니다. 가격은 100만 원에 육박하죠. 예약이 이미 꽉 차 있어 지금 결제하지 않으면 제때 사용할 수 없다는 말에 조급해진 엄마는 결국 남편과 상의할 틈도 없이 결제해버립니다.

배송이 오고 남편에게 조립을 부탁했을 때,

남편은 묻습니다.

"이거 얼마야?"

"100만 원 조금 안 돼. 할부로 샀어."

남편의 표정이 다시 굳습니다.

"우리가 이런 여유가 어딨어?"

"왜. 우리 아기를 위해 산 건데 그렇게 아까워? 필요해서 산거잖아!"

또 싸움이 시작됩니다. 위에서 소개한 상황들은 품목만 다를 뿐 육아하는 집이라면 누구나 한 번쯤 겪을 수 있는 일이기도 합니다.

정리든 소비든 집 안의 결정은 절대 혼자 결정해서는 안됩니다. 앞서 말한 것처럼 가정을 함께 운영하는 공동 리더로서 반드시 상의가 필요합니다. 그렇다고 시시콜콜 모든 것을 상의하라는 것은 아닙니다. 부부로 살았고, 부모가 되었으니, 의견을 공유해할 것들이 감이 올 겁니다. 그래도 잘 모르겠다 싶으면 할까? 말까?, 살까? 말까? 하는 의문이 드는 경우가 생기는 것. 그 것이 배우자와 함께 생각해야 되는 상황일 겁니다.

그래서 환경을 바꾸기 전에는 버릴 것과 살 것을 목록화하고, 각 물건을 어디에 둘지 상의한 뒤 정리와 구매에 들어가는 것이 좋습니다. 아이를 맞이하는 시기에는 집 전체를 '아이 중심 환경'으로 재설계해야 하기 때문입니다. 이때 저는 신생아~돌 전후까지 짧게 사용하는 가구나 용품은 중고나 대여, 혹은 저렴한 제품을 적극 활용하길 추천합니다.

'새로 사서 중고로 팔면 되지 않을까?'라고 생각할 수 있지만, 육아용품의 유행 주기는 매우 짧아 1년 사이 디자인, 안전 기준, 기능 등이 바뀌어 원하는 가격에 되팔기 어렵습니다. 그리고 휴직 기간에는 수입이 기존만큼 유지되지 않기 때문에 소비 선택은 더욱 신중해야 합니다.

그렇다면 아이를 맞이하는 공간 준비는 어떻게 하면 좋을까요? 특히 가장 크게 변화되는 공간은 아이 방입니다. 요즘은 '아이 방 꾸미기'라는 키워드가 있을 정도로 많은 부모들이 아이 방을 예쁘게 준비합니다. 하지만 '아이 방이 과연 꼭 필요한가?'라는 질문을 먼저 던져볼 필요가 있습니다. 신생아 시기 아이 방의 존재 가치는 사실상 아기 침대의 유무부터 결정되기 때문입니다.

부모의 육아 철학에 따라 분리 수면을 시도할 수도, 공동 수면을 선택할 수도 있습니다. 그러나 현실은 계획과 다르게 흘러가는 경우가 많습니다. 정성껏 꾸며놓은 아이 방이 막상 몇 달 동안 발도 못 들여놓는 공간이 되는 경우도 흔합니다. 밤마다 우는 아이, 수유 시간 때문에 결국 부모 침대 옆에 두게 되는 경우도 많습니다. 그래서 아이 방 구성은 신중해야 합니다.

만약 분리 수면을 원한다면 아이의 울음이 잘 들리는 위치에 방을 배치하거나 베이비캠 설치를 고려하면 좋습니다. 공동 수면을 선택한다면 패밀리 침대를 활용하거나 기존 침대를 사용하되 안전 가드를 설치해 모두가 안전하게 숙면할 수 있는 환경을 만드는 것이 중요합니다.

또 아이가 자라면 환경도 함께 성장해야 합니다. 초등 자녀를 위해 휴직하는 분도 있는데 이 경우엔 교육 환경 또한 중요해집니다. 저는 아이가 어릴 때부터 집에 TV를 두지 않았고, 거실에 책상을 두고 함께 책을 읽는 환경을 만들었습니다. 하지만 초등학생이 되고 터울 있는 동생이 생기자 누나가 공부할 때 방해받는 일이 잦아졌고 결국 아이 방을 공부방으로 바꾸게 되었습니다. 공간 하나를 온전히 공부와 집중의 영역으로 설정하니 아이도, 저도 만족도가 크게 높아졌습니다.

환경을 바꾸는 일은 단순한 가구 재배치가 아니라 가족의 가치관을 눈에 보이는 형태로 정교하게 세팅하는 일입니다. 정리, 소비, 공간 구성 모두 '나 중심'이 아니라 '가족 중심'이어야 합니다. 일본의 정리수납 전문가 곤도 마리에는 '정리란 사람과 물건과 집의 균형을 잡는 행위'라고 말했습니다.

육아휴직이라는 변화가 우리 삶의 균형을 흔들어놓았다면, 그 균형을 다시 세우는 첫 단계는 결국 집안 환경의 재구성에서 시작됩니다. 아이를 맞이하면서 집은 더 이상 단순한 휴식 공간이 아니라, 부모와 아이 모두가 하루 대부분을 보내는 '생활의 무대'가 되기 때문입니다. 이 무대가 정돈되어 있어야 부모의 마음도 덜 흔들리고, 아이의 하루도 더 안정적입니다.

집 안이 정리되면 마음도 정리되고, 마음이 정리되면 하루가 다르게 보입니다. 저도 자주 경험합니다. 전날 정신없이 흐트러졌던 집을 정리해 두고 잠들면, 다음 날 아침 깨끗한 거실과 주방을 딱 마주하는 순간 하루의 시작이 놀라울 만큼 가벼워지거든요. 작은 정리도 이런데, 집 전체의 환경을 손보는 일은 얼마나 큰 변화를 불러올까요.

그래서 저는 말하고 싶습니다. 육아휴직의 시작은 아이의 출산이 아니라 '집안 환경을 다시 세팅하는 일'이라고요. 아이와 가족을 기분 좋게 맞이하기 위한 필수 코스입니다. 과정은 번거롭지만, 하고 나면 반드시 이렇게 느낄 것입니다.

"정리하길 잘했다."

한 번 제대로 정리해 두면 그 이후의 육아 부담이 한층 가벼워집니다. 조직 생활을 하며 복잡했던 머리도, 어지러웠던 집 안도 함께 정리되며 삶의 흐름에도 균형이 자리합니다. 단순히 집안 환경을 바꿨을 뿐인데 육아휴직의 흔들림이 놀랄 만큼 안정되어 가는 것을 경험하게 될 것입니다.

아이를 맞이한다는 건 결국 공간을 다루는 일입니다. 그 공간이 안정되면 부모의 마음에도 자연스럽게 여유가 생깁니다. 육아가 버거워지는 날이 오더라도, 적어도 '집'이라는 공간만큼은 우리 가족에게 가장 든든한 안식처가 되어줄 겁니다.

딱 1분만 생각하기

1. 지금 집에서 '아이 생기면 가장 위험해질 곳'은 어디인가?

→ 동선·전선·모서리·높은 가구... 가장 먼저 손봐야 할 1순위 점검. 육아는 결국 안전이 기본입니다.

2. 집 안 물건 중 '육아 시작 후 1년 동안 절대 안 쓸 것'은 무엇인가?

→ 버릴지, 중고로 보낼지, 보관할지 지금 결정해야 합니다. 이 판단이 공간 확보의 첫걸음이에요.

3. 아이의 주된 활동지는 어디가 될까? 수면은 어떻게 할까?

→ 주 활동지에 따라 물건 세팅이 완전히 달라지고, 수면 방식에 따라 침실 구조도 달라집니다.

아이와 시간을 채우는 방법

업무와 쉼의 반복이었던 삶에서 온전히 아이에게 집중해야 하는 삶으로의 변화는

"나 어떻게 해야 하지?"

"잘할 수 있을까?"

"종일 아이와 있는데 이 시간을 어떻게 채우지?"

같은 질문을 쏟아내게 했습니다. 업무에 단련된 사람이다 보니 육아도 어떤 성과를 내야 한다고 착각했어요. 초보 엄마였던 저는 육아가 너무 어려워 인터넷을 뒤졌고, 알고리즘은 끝없이 많은 육아 정보를 제게 보여주었습니다. SNS를 켜면 '엄마표 놀이, 엄마표 문화센터, 엄마표 영어, 책 육아, 감성 육아' 같은 키워드가 쉼 없이 흘러나왔습니다. '나도 저렇게 해줘야겠다'라는 마음이 들 때마다 저장 버튼을 누르고 댓글을 달며 정보를 모았지만, 정작 저장한 게시물을 다시 보는 경우는 거의 없었어요. 그 시절 제 손에는 늘 폰이 쥐어져 있었고, 아이를 위한 영상을 본다는 착각 속에서 시간을 보냈습니다. 그런데 제 옆에는 혼자 누워 저를 바라보는 아이가 있었어요. 그 순간 깨달았습니다. '나는 아이와 시간을 보내야 하는데 왜

타인의 아이들과 시간을 보내고 있지?' 하고요. 한심함이 밀려왔습니다.

그날 이후 결심했어요. '놀이를 찾는 게 아니라 아이와 놀자, 행동하자!'고요. 눈으로만 보던 것들을 하나하나 퀘스트 깨듯 실천했습니다. 물론 연령에 따라 놀이 방법은 다르지만, '놀자!' 하는 마음만 먹으면 그 순간만큼은 짧든 길든 놀이에 집중할 수 있더라고요. 누워서 모빌을 보는 아이 옆에 같이 누워 모빌을 봤고, 터미타임 시기에는 장난감을 흔들어 고개를 들 수 있도록 도왔습니다. 자주 눈을 마주치고 스킨십을 했고요. SNS에서 보이는 거창한 것들은 하지 않았습니다. 정말 단순하지만, 신체적·언어적·정서적 발달에 도움을 주었던, 제가 실제로 아이와 시간을 채웠던 방법들을 공유해 볼게요.

첫째, 놀이하면서 종알종알 말을 많이 해주기.

답이 돌아오는 대화는 아니었지만, 저는 늘 아이에게 말을 걸었습니다. 처음엔 적막한 집에 소음이 필요해서 시작했고, 종일 말하던 사람이 갑자기 말을 안 하니 좀이 쑤시기도 했어요. 반응 없는 대화는 어색했지만, 점차 습관이 되었고, 어느새 아이에게 계속 이야기를 건네고 있더라고요. "이거 파란색이야.", "우와 이거 진짜 멋지다.", "우리 뭐 만들까?", "잘하고 있어, 힘내!" 같은 일상적인 말들이 훗날 아이의 언어 발달에 큰 영향을 줬다는 걸 알게 되었습니다. 첫째, 둘째 모두 또래보다 빠르게 말을 시작했고, 주변에서 "어쩜 이렇게 말을 잘해요?"라는 말을 자주 들었어요. 그때마다 '아, 내가 매일 말을 걸고 반응해 준 시간이 쌓였구나' 하고 느꼈습니다. 이건 단지 제 경험만이 아니에요. 발달 언어학, 언어심리학 연구에서도 영아기 부모의 말이 언어 발달에 결정적인 영향을 미친다고 합니다. 중요한 건 말의 '양'이 아니라 '질'이에요. 직접 말을 걸고, 다양한 어휘를 쓰고, 아이의 시선·몸짓 같은 비언어적 행동에도 즉각적이고 따뜻하게 언어로 반응해 주는 것이 가장 좋은 자극이라고 합니다. 아직 말을 못 해도 괜찮습니다. '그거 잡고 싶구나?', '이건 네가 좋아하는 거구나!' 같은 반응도 훌륭한 상호작용이에요. 요즘 SNS에는 '완벽한 부모'의 모습이 넘쳐나지만, 아이에게 정말 필요한 건 완벽한 놀이가 아니라 내가 아이에게 얼마큼 귀 기울이고 반응하느냐더라고요. 이는 언어 발달의 가장 큰 밑거름이 된다는 것도 잊지 마세요.

둘째, 엄마표 문화센터 운영하기

많은 부모가 기관 등원 전 선택하는 것 중 하나가 문화센터 활동입니다. '오감 발달 놀이', '베이비체육', '마더구스' 같은 강좌들, 한 번쯤 들어보셨을 거예요. 엄마들 사이에서는 '문화센터는 꼭 해야 한다'라는 인식이 널리 퍼져 있지만, 사실 꼭 그래야 할 필요는 없겠더라고요.

저도 첫째 육아휴직 동안 문화센터를 다녔고, 1회 3~5만 원을 내며 일주일 1~2번 참여했습니다. 준비와 정리를 직접 하지 않아도 된다는 점은 큰 장점이었어요. 하지만 외출의 번거로움, 전염병에 대한 불안, 수업 시간과 낮잠 시간이 겹치는 문제 같은 현실적인 단점도 분명했습니다. 어렵게 도착했는데 아이 컨디션 때문에 활동이 제대로 진행되지 않을 때면 '이게 맞나?' 하는 생각도 들었고요. 수개월 다니다 보니 자연스레 문화센터 활동을 비용과 여러 부담을 함께 고려하게 되었습니다. 그래서 저는 아이와 함께 보내는 '그 시간'의 본질을 다시 바라보게 되었어요. 장소가 중요한 게 아니라 부모와 아이의 관계에 집중하는 게 핵심이라는 걸요. 그렇게 저는 집에서 '엄마표 문화센터'를 열기로 결심했습니다. 비용도, 이동도, 불안도 줄이고 아이에게 더 온전히 집중할 수 있는 방식이었습니다.

엄마표 문화센터 준비는 아주 간단합니다.

우선 준비물입니다. 준비, 정리의 번거로움을 해결해 줄 놀이매트(혹은 김장 매트 크기가 클수록 좋음), 시중에 출판된 엄마표(아빠표) 놀이책. 이렇게 2가지만 있으면 됩니다. 책은 번거롭지 않을까? 그냥 유튜브를 통해서 보고 하면 되지 않나? 싶은 생각이 드실 수 있어요. 근데 엄마표 놀이를 유튜브 보며 진행하지 않으실 거잖아요?

책 딱! 펴놓고 아이에게 책보는 부모의 모습을 보여주기 위함입니다. 미리 공부하고 하는 게 베스트 이긴 한데 엄마의 삶이란 계획대로 되지 않거든요. 준비란 없습니다. 바로 실전이기 때문에 책꽂이에서 딱 꺼내서 펼친 부분에 나온 놀이를 오늘의 놀이로 삼고 진행하시면 됩니다. 책은 언제든 꺼내서 볼 수 있는 장점이 있습니다. 제가 했던 놀이 중에서 최대한 번거롭지 않으면서 아이들에게 효과가 좋았던 놀이를 소개합니다.

돌 이전 영유아는 아이들은 쌀 튀밥, 미역 촉감 놀이 돌 전 구강기 아이들에게 입에 들어가도 안전한 식재료로 활용, 놀이 매트 혹은 욕조를 활용해서 전신을 쌀 튀밥과 불린 미역을 느껴보는 시간을 가지며 함께 놀아줍니다.

다음으로 소개하는 놀이는 돌이 지난 아이들과 함께 할 수 있는 놀이를 소개하겠습니다.

가위질하기 놀이

: 기린, 사자를 그리고 갈기 부분을, 색종이를 붙여 갈기처럼 잘게 잘라주고 아이가 갈기를 정리해 주는 방법

얼음 속에 갇힌 동물들

: 동물, 캐릭터 피규어를 얼음 틀에 넣고 같이 얼려 줍니다. 얼음에 갇힌 피규어를 구출해 내는 놀이, 여름에 하기에 딱! 좋음

늘어나는 문어발

: 코인 티슈를 이용한 놀이입니다. 문어 그림을 그리고 문어발에 코인 티슈를 여러 개 붙여줍니다. 스포이트로 색소가 들어간 물을 코인 티슈에 뿌려주면 알록달록 부풀어 오르는 문어 발을 볼 수 있는 놀이입니다. 코인 티슈끼리 이어 붙여 끝 부분에 눈을 붙여주면 늘어나는 애벌레 놀이도 할 수 있습니다.

몽글몽글 연기가 피어나

: 배스킨라빈스 나 쿠팡 프레시 주문하면 오는 드라이아이스에 물을 넣어 기화된 이산화탄소를 불기도 하고 보글보글 올라오는 모습을 지켜보는 과학 실험, 올라오기 전에 그릇에 비누막을 형성하면 하얀 비눗방울도 볼 수 있는 놀이

쌀 포대 아기상어

: 10, 20kg 종이 쌀 포대를 뒤집어서 얼굴, 팔이 나오게 한 후에 아이에게 씌우면 아기상어로 변신! 하는 놀이, 다양한 응용이 가능해요

거대한 종이 성

: 한 날은 가전제품을 산 날 큰 상자를 버리기가 아까워서 아이를 위한 성을 만들어 줬습니다. 성 외벽은 아이와 함께 색칠하고 꾸미면서 직접 만든 성에 들어가 노는 재미까지 쏠쏠

종이 자동차

: 라면상자 크기에 종이상자를 활용해서 외부를 자동차로 꾸미면 엄마표 자동차 완성!

폼폼이 젓가락 옮기기

: 젓가락 질을 연습할 수 있는 놀이입니다. 젓가락, 계란판, 폼폼이를 준비합니다. 계란판(하얀색이 좋습니다)에 폼폼이 색 만큼 칠해주고 똑같은 색의 폼폼이를 젓가락으로 옮겨주는 놀이.

대형 단풍나무 찍기

: 큰 종이에 물감으로 나무 가지만 그려줍니다. 저는 클레이를 활용해서 나무 잎 모양을 만들었는데 당근, 감자 등으로 만들어도 무방합니다. 노랑, 빨강, 주황 물감을 찍어서 나뭇가지에 찍어주면 끝! 바닥이 더러워 질 수 있으니 신문지나 다른 종이를 깔고 하는 것을 추천합니다.

엄마표 놀이 거창하게 생각하면 고되고 힘든 일이지만 아이의 시선에서 엄마, 아빠가 나를 위해서 무언가를 해주고 함께 놀아준다!는 것만으로 아이에게는 큰 기쁨이 됩니다. 아이의 기억에도 오래 남더라고요

셋째, 책과 친해지기.

우리나라 사람들 책 진짜 안 읽잖아요? 그런데 아이들에겐 그렇게 책을 읽히려 해요. 저도 그랬습니다. 그런데 꾸준히 아이와 책을

읽다 보니 저도 자연스럽게 책을 펼치고 있더라고요. 그래서 저는 아이 독서가 부모에게도 좋은 영향을 준다는 걸 강조하고 싶습니다. 마구잡이로 책을 읽히고 싶진 않았어요. 그래서 아이가 책과 친해지기 위해 실천한 방법 두 가지를 소개할게요.

가장 먼저 도서관을 이용했습니다.

특히 어린이 도서관이요. 또래 아이들이 책을 보는 모습을 보면 어? 나도 책을 읽어야 하나?'하며 관심을 가지더라고요. 어떤 책이든 아이가 직접 고른 책이면 상관없습니다. 아이가 관심을 표현했다는 게 중요합니다. 그리고 골라 온 책을 읽어줍니다. 금방 실증을 낼 수도 있어요. 그럴 때마다 '우리 애는 왜 이럴까?'라고 생각하지 마시고 책이 많은 환경에 자주 노출해 주세요. 다양한 책을 보고 만지고 할 수 있는 기회를 주세요. 집 근처에 있는 작은 도서관을 자주 방문했어요. 주말에는 도서관에 나들이 간다는 생각으로 다녔어요. 제가 사는 곳은 미술도서관, 음악도서관, 과학도서관 등 큼직한 특성화 도서관이 많아서 주말에 어디 갈지 고민이 들 때면 도서관을 향했습니다. 도서관에 가면 각자 책을 보는 것이 이상적이지만, 아이와 함께하는 도서관은 책보다는 아이들을 봐야 하는 시간이 대부분입니다. 그럼, 아이와의 시간이 더 찐하게 연결되겠죠? 그리고 아이가 관심 있어 하는 책들을 유심히 살펴보시고, 관심 가졌던 책은 서점을 방문했을 때 구매합니다. 그러면 아이는 선물을 받았다고 좋아하고 책을 더 사랑하게 되는 아이로 자랄 겁니다.

그리고 '잠자리 독서'를 꾸준히 했습니다.

위에서 선물 한 책을 자기 전에 읽어주는 겁니다. 물론 선물로 준 책이 아니어도 괜찮습니다. 자기 전 의식의 하나로 꼭 책을 읽어줬는데요. 8살 된 딸은 엄마 오늘은 책 볼 수 있어? 라며 오히려 책을 보고 자야 한다고 간곡히 요청합니다. 그럼 "빨리 씻고 잘 준비하자, 늦장 부리면 많이 못 읽어준다?" 하고 으름장을 놓기도 했어요. 잠자리 독서 습관이 취침 시간을 당기는 효과까지 줬습니다.

넷째, 마사지를 많이 해주세요.

조리원에 가면 베이비 마사지를 가르쳐줍니다. 소화가 잘되게 하고 아이의 성장을 촉진한다고 하면서요. 그뿐만 아니라 육아 서적이나 소아청소년과에서도 아이들 마사지를 강조합니다. 출산 후 엄마들도 마사지를 많이 해야 한다고 말하죠. 이렇듯 마사지는 남녀노소 모두에게 좋은 행위라는 생각이 듭니다. 마사지 기구들로 하는 것보다 사람의 손을 통해서 이루어지는 마사지는 치유받는다는 느낌도 들잖아요. 그런 점에서 아이들에게 마사지해 주는 것은 단순 소화, 성장을 위함이 아니라 하루하루 성장하는 아이에게 오늘도 고생했어! 하는 속삭임의 시간일 겁니다.

어릴 적 배가 아플 때면 엄마는 '엄마 손은 약손, 원지 배는 똥배'

하면서 따듯한 손으로 배를 문질러 주시던 기억이 아직도 생생한데요. 엄마 손은 약손 경험이 있는 분들 생각해 보세요. 약을 먹지도 않았지만, 통증이 사라지는 경험 한 번쯤은 해보셨을 거예요. 원더윅스라고 하는 기간에는 아이가 이유 없이 울음, 짜증을 부리는데 이럴 때는 엄마의 손으로 아이를 마사지해 주면, 효과가 있습니다. 엄마의 손길이 안정감을 느끼게 합니다. 그 순간 스트레스 호르몬인 코르티솔이 낮아지고 애착 호르몬인 옥시토신이 분비된다는 연구 결과도 있어요. 제가 경험했고, 과학적으로도 증명된 활동인 마사지 안 할 이유가 없겠죠?

마사지의 효과를 극대화하기 위해서는 아로마 오일을 활용해서 보습, 힐링의 시간까지 병행해 주기도 했어요. 그래서 저는 잠자리 독서를 완료하고 자기 전 마사지를 해주며 저의 사랑의 마음을 손끝으로 전달했답니다. 아이를 만지는 손끝에 '빨리 잠들어라~' 하는 마음을 담지 말고 '지금, 이 순간 네가 편안했으면 좋겠다. 오늘 하루도 수고했어.' 하는 사랑의 마음을 듬뿍은 온기를 전달해 보세요.

다섯째, 내 아이만을 위한 노래 만들기.

첫째 출산 후 친정집에서 산후조리를 하고 있을 때였습니다. 아이를 무릎에 앉혀 바라보고 있었습니다. 그 똘망똘망한 눈을 보는데 너무 사랑스러웠고, 아이만을 위한 노래를 만들고 싶어졌습니다. 작사, 작곡을 전공하지도 음악에 일가견도 없는 사람이 이었습니다.

그저 짧고 아이에게 사랑을 담은 노래를 불러주고 싶었습니다. 흥얼 흥얼 부를 수 있는 리듬에 가사를 붙였습니다.

'효린이 사랑해 효린이 사랑해 ~ 엄마 아빠는 효린이 사랑해
효린이 사랑해 효린이 사랑해 ~ 엄마 아빠는 효린이 사랑해'

정말 별거 없는 가사에 쉬운 리듬으로 만든 노래였습니다. 그 노래를 매일 불러주었습니다. 내 아이만을 위한 사랑의 세레나데였던 거죠. 가수들이 왜 자녀가 태어나면 아이를 위한 노래를 만드는지를 알겠더라고요. 세상에서 하나뿐인 사랑하는 사람을 위한 노래를 만들고 부른다는 것이 큰 감동으로 다가왔어요. 나중에 아이에게 엄마가 널 위해 만든 노래라고 불러주면 아이는 그만큼의 사랑을 느낄 수 있지 않을까 하는 기대도 담겨 있었고요. 노래를 만든 거뿐 아니라 기존 자장가에 개사해서 불러주었습니다. 브람스 자장가 '잘 자라~ 내 아기~ 사랑스러운 내 아기~' 로 많이 알려진 음원 있죠? 유튜브에 자장가라고 치면 대표적으로 나오는 자장가라 들어보셨을 겁니다. 그 음원에 맞춰서 개사해서 불렀어요. 제가 아이를 생각하는 마음, 아이에게 가르치고 싶은 것, 바라는 것들을 녹여 해서 말이죠.

제가 개사했던 내용입니다.

잘 자라 효린아~ 너는 엄마의 사랑 잘 자라 효린아~ 너는 엄마의 기쁨~
잘 자라 효린아~ 너는 귀여운 아이 잘 자라 효린아~ 너는 용감한 아이~
잘 자라 효린아~ 너는 씩씩한 아이 잘 자라 효린아~ 너는 똑똑한 아이~

이런 식으로요. 뇌과학 연구에 따르면 아이가 잠들기 직전에 듣는 소리와 말은 단순한 배경음이 아니라 기억과 정서에 영향을 끼친다고 해요. 그래서 저는 자장가에 아이에게 해주고 싶은 긍정적인 말들을 가득 담았습니다. 아이가 잠드는 순간 들려주는 작은 노래 하나가 뇌 속에 깊게 저장되어 아이의 잠재의식에 사랑받는 아이, 긍정적인 이미지를 남겨주고 싶었거든요.

자기 전 활동에 많은 집중을 했어요. 아무래도 찐하게 붙어있는 환경, 하루를 마무리하는 시간이 조금이나마 긍정적이고 행복한 마음으로 잠들었으면 하는 마음이 컸습니다.

부모가 되면 정말 다양한 직업을 갖게 되는 것 같아요. 이야기 선생님, 마사지사, 싱어송라이터…. 하루의 마무리 시간에만 세 가지 직업을 체험한 셈이죠. 정말 재밌지 않나요?

저처럼 모두가 똑같이 할 필요는 없습니다. '이렇게 아이와 시간을 채우는 사람도 있구나' 하고 참고만 하셔도 됩니다. 딱 3가지만 기억하면 됩니다.

첫째, 종알종알 수다쟁이가 되자.

둘째, 엄마표 문화센터는 거창할 필요 없다.

셋째, 잠자리에서 멀티플레이어가 되자.

놀아 준다고 아니라 신나게 같이 논다! 는 마음과 하루의 마무리를 기분 좋게 끝내기 바라는 마음. 그것만으로도 아이와 찐하게 연결될 수 있습니다. 잊지 말고, 꼭 해보세요! 행동으로 실천해야 아이에게 전달됩니다.

딱 1분만 생각하기

1. 오늘은 아이와 어떤 이야기를 해주고 싶은가요?

→ ex) 아이가 입고 있는 옷에 관해 설명해 주기

2. 글에서 소개한 엄마표 놀이에서 아이와 해보고 싶은 활동은 무엇인가요?

3. 오늘 잠자리에서 아이에게 어떤 시간을 선물하고 싶나요?

→ 책 읽기, 마사지, 노래 중 하나 골라보기

부모 참여 활동 무조건 하기

육아휴직 중 아이 기관의 부모 대표(운영위원)를 해보기 바랍니다. 워킹맘이 된 이후, 저는 늘 아이의 기관 생활이 궁금했습니다. 면담이나 행사 때 연차를 내 잠깐 둘러보는 것만으로는 아이의 하루를 짐작할 뿐이었죠. 어린이집에서 운영위원을 맡아줄 수 있는지 물었지만, 직장 생활을 하면서 운영위원까지 병행하기엔 버겁다는 생각에 고사했었습니다.

그러다 육아휴직을 하던 해 어린이집 운영위원을 맡았고, 초등학교 학부모총회에 참석해서 녹색어머니회 대표를 맡았어요. 여기에 부모 참여 수업, 어린이집 바자회 활동 도우미, 급식 모니터링, 녹색어머니회 활동까지 적극 참여했어요. 워킹맘일 때는 어린이집 알림장 앱을 통해 발송되는 운영위원회의 결과 공지를 보며 원의 운영을 간접적으로 인지하고 있었어요.

그런데 휴직하면서 직접 운영위원 활동을 할 수 있는 기회가 찾아왔습니다. 마침, 아이가 속한 반의 운영위원을 선발한다는 공지를 확인했고 바로 신청했습니다. 어린이집에서 너무 감사하다며 반가워하셨어요. 왜 이렇게 환대해 주시나 했더니, 대부분의 학부모가 직장 생활을 병행하기 때문에 운영위원을 자원하는 경우가 드물다고 하더라고요. 그래서 매년 선발에 어려움을 겪는다고도 하셨습니다. 자발적으로 참여 의사를 밝힌 부모는 그야말로 '귀한 존재'라며 고맙다고 하는 거예요. 그 말을 듣고 괜히 더 잘하고 싶다는 마음이 들었습니다.

운영위원이 되고 나서 다른 반 운영위원들과 소통하다 보니, 직장 생활을 하면서도 운영위원을 맡고 있는 부모님들이 계셨어요. 그 모습을 보며 '나도 워킹맘일 때 할 수 있었는데 너무 어렵게만 생각했구나.' 싶은 마음이 들었습니다. 그러니까 꼭 육아휴직이어야만 가능한 일은 아니었던 거죠. 다만 육아휴직 중이라면 시간적 여유가 조금 더 생기니, 이 시기를 아이에게 위해 투자해 보는 것도 괜찮겠다는 생각이 들었습니다. 물론 모든 부모가 운영위원을 할 수 있는 것은 아니지만, 가능하다면 한 번쯤 시도해 볼만한 경험이라고 말하고 싶어요.

행사·면담 외에는 기관에 부모가 자주 출입할 순 없잖아요. 그러나 운영위원회나 급식 모니터링 활동은 합법적으로 아이의 생활공간을 둘러볼 기회더라고요. 내 시간, 에너지를 쏟아야 해서 귀찮고 버거워하고 생각할 수 있지만 '우리 엄마다!' 하고 반가워하는 아이 얼굴을 보는 순간, 모든 수고가 보상받는 기분이 듭니다. 또, 많은 부모님이 함께하는 '부모 참여 수업'과 달리 운영위원 방문은 '우리 엄마만 왔네?' 하는 특별함이 생겨 아이에게도 오래 남는 감정이 되더라고요. 무엇보다 어린이집을 우선해 봉사하는 엄마의 모습을 자연스럽게 보여줄 수 있다는 점도 좋았습니다. 일하는 엄마의 모습을 간접적으로 보여주는 것이더라고요.

운영위원 활동을 하면서 제 어린 시절이 떠올랐습니다. 맞벌이 부부셨던 부모님은 대부분 학교 행사에 오시지 못했습니다. 초등학생 때 반마다 부모 대표나 운영위원이 있다는 걸 처음 알았는데, 당시에는 운영위원들이 아이들에게 간식을 나눠주는 일이 종종 있었어요. 그때 간식을 건네며 웃는 부모 대표와 그 옆에서 '이거 우리 엄마가 사준 거야!' 하며 우쭐대던 친구들이 참 부러웠습니다. '우리 엄마도 왔으면 좋겠다'라는 마음을 속으로만 삼키곤 했었죠.

그러던 어느 날 엄마가 학교 운영위원을 맡으셨다는 소식을 들었습니다. '우리 엄마 바쁜데…. 운영위원을 한다고?'하는 놀라움과 함께 왠지 모를 자부심이 차올랐습니다. 나도 이제 우쭐댈 수 있는 걸까? 어린 마음에 그저 기쁘기만 했습니다. 남들 앞에 서는 걸 좋아하지 않는 엄마가 나를 위해 그 자리를 맡으셨다는 사실이 너무 감사했습니다. 그때가 초등학교 6학년이었는데, 그 감정이 아직도 제 안에 남아 있습니다. 어머니에게 당시에 왜 운영위원을 했냐고 물었습니다. '일하느라 학교생활을 신경 쓰지 못해 미안해서 그랬다'라고 하셨습니다. 저도 그 마음이 조금은 이해하게 되었습니다. 어머니가 처음부터 적극적으로 운영위원을 하셨던 분이라면 조금은 다르게 느껴졌을 수도 있을 것 같습니다. 그래서였을까요. 저 역시 제 아이에게 그 '우쭐한 기억'을 선물하고 싶었습니다.

처음에는 '이걸 꼭 해야 하나?' 싶었던 활동이었지만, 시간이 지날수록 운영위원회는 제게 새로운 배움의 공간이 되었습니다. 특히 선생님들과 폭넓게 소통하면서 보육 기관을 더 깊이 이해하게 되었고, 아이의 하루가 어떻게 흘러가는지 직접 보고 느끼며 교육 환경에 대한 신뢰도 훨씬 높아졌습니다. 휴직이 길어지고 운영위원을 연임하면서 부모 대표까지 권유받아 활동하게 됐습니다. 자체 모니터링, 지자체 연계 활동도 하며 위생·안전·개선 사항을 적극 건의했고, 원에서 발생하는 갈등을 중재하기도 했습니다. '굳이 이렇게까지 해야 하나?' 싶기도 했지만, 맡은 이상 최선을 다하고 싶었습니다.

운영위원 활동이 아이에게만 좋은 건 아니었습니다. 휴직하면서 성인과 대화하는 시간이 극적으로 줄어들었는데, 운영위원 활동을 하며 비슷한 또래 부모들과 자연스럽게 이야기를 나누게 됐고 그 안에서 새로운 관계도 쌓을 수 있었습니다. 직장에서의 대화가 일 중심이었다면, 운영위원 활동은 아이·교육·지역 생활 등으로 이야기가 확장되며 다양한 대화를 경험하게 했습니다. 단순한 참여가 아니었습니다. 휴직으로 자칫 단절될 수 있었던 성취감을 잃지 않도록 붙잡아준 활동이었습니다. 회의를 준비하고, 안건을 정리하고, 의견을 조율하는 과정이 직장에서 느꼈던 성과의 감각을 다시 불러왔고, '나 여전히 쓸모 있는 사람이야.' 하는 확신을 주었습니다. 무엇보다 아이에게 늘 갖고 있던 미안함이 운영위원 활동을 통해 조금 상쇄되는 느낌이었습니다.

운영위원으로 활동하지 않았다면 몰랐을 어린이집 회계 구조나 선생님들의 고충을 직접 들으며 '아, 이렇게 많은 사람이 한 아이를 돌보고 있구나' 하는 감사함도 배웠습니다. 아이를 위해, 그리고 아이가 다니는 기관을 위해 제가 무언가를 하고 있다는 사실은 제 자존감도 회복시켜 주었습니다. 결국 이 시간은 아이를 위한 봉사이자, 나를 다시 세우는 성장의 시간이었습니다.

모든 부모가 운영위원이나 부모 대표를 할 수 있는 것은 아니지만, 가능하다면 한 번쯤은 시도해 보셨으면 합니다. 특히 육아휴직 기간이라면 더할 나위 없습니다. 아이가 생활하는 공간을 깊이 들여다볼 수 있는 경험만큼 '확실한 육아'는 없습니다. 잠시의 참여라 해도 아이에게는 '우리 엄마(아빠)가 나를 위해 시간을 냈다'라는 강력한 메시지가 되더라고요. 그 한순간은 아이의 기억 속에 오래 남는 사랑의 증거가 될 것입니다. 제가 제 엄마에게서 느꼈던 것처럼요.

딱 1분만 생각하기

1. 나는 지금 아이가 다니는 기관에서 운영위원이나 부모 대표를 맡을 수 있을까?

→ 현실적인 가능성과 마음의 여유를 함께 떠올려보기.

2. 그동안 어린이집·유치원·학교에서 내가 참여했던 부모 참여 활동은 무엇이었을까?

→ 작게라도 참여했던 경험을 모두 적어보기.

3. 나의 어린 시절, 부모님이 학교나 기관에 방문했던 순간 중 기억에 남는 장면은 무엇인가?

→ 그때 느꼈던 감정을 떠올려보기.

육아 추억 기록하기

기록을 잘 하지 않던 사람들도 임신을 하면 자연스럽게 기록을 시작합니다. 초음파 사진을 붙이고, 뱃속의 태아에게 아이에게 편지를 쓰는 것부터요. 그렇게 시작한 육아일기는 아이가 태어난 뒤에도 이어집니다. 수유와 낮잠 시간을 체크하는 기록, 귀여운 순간을 남기기 위한 사진 촬영까지. 부모가 되기 전엔 셀카·음식·풍경 사진으로 채워졌던 사진첩이 어느새 아이의 모습으로 가득해집니다. 평소 사진 찍기를 좋아하지 않는 사람도 아이 사진만큼은 정말 많이 찍더라고요. 부모가 되면서 자연스럽게 '추억을 기록하는 사람'으로 성장하게 되는 셈이죠.

직장 생활 중에는 초음파 사진을 붙여 정리하는 것조차 버거웠습니다. 그래도 버리진 않고 차곡차곡 모아두었어요. 그리고 휴직하자마자 다이소에서 3,000원짜리 다이어리를 샀습니다.

서랍에 낱장으로 흩어져 있던 초음파 사진을 꺼내 붙이고, '우리에게 와줘서 고마워'라는 편지를 적었습니다. 그렇게 만든 육아 일기장은 출산 가방을 쌀 때 제일 먼저 챙긴 물건이 되었습니다. 아이를 맞이하는 마음의 상징 같았달까요. 아이가 태어난 뒤에는 매일 아이에게 편지를 썼습니다. 아빠도 함께 썼는데, 남편의 애틋함이 느껴져 저도 마음이 따뜻해지곤 했습니다. 조리원 퇴소 이후에는 편지가 조금 뜸해졌지만, 책꽂이에 꽂힌 육아일기가 다시 저를 책상에 불러 앉혔습니다. '매일 써야지!'라는 의무감이 아니라, 그날의 작은 순간을 담아두는 마음으로요. 날짜를 적고 '뒤집었다.'처럼 간단히 쓸 때도 있었고, '앞머리를 잘랐다'를 적으며 아기의 배냇머리를 붙여두기도 했습니다.

어린이집에서 처음 가져온 끄적임 한 장, 이름표 라벨도 붙였습니다. 별거 아닌데 모아두니 하나의 추억이 되더라고요. 거창한 육아일기가 아니라, 추억의 조각을 모으는 일이라는 마음으로 꾸준히 썼습니다.

기록에서 빠질 수 없는 것이 사진입니다. 저는 성장 앨범 패키지는 계약하지 않았습니다. 비용도 부담됐지만 무엇보다 잦은 이사로 액자와 앨범을 관리할 자신이 없었습니다. 특히 아크릴 액자처럼 버리기 애매한 물건들은 결국 짐이 되더라고요. 그래서 엄마표 성장 앨범을 만들기로 했습니다. 조리원부터 날짜별 사진을 남기고, 100일 단위로 콘셉트를 정해 셀프로 촬영했습니다. 촬영 소품을 대여하기도 했고, 외출이 가능한 시기에는 공원에 나가 야외 촬영도 했습니다. 셀프로 찍으면 아쉬운 점도 있습니다. 저와 아이가 함께 찍힌 사진이 거의 없다는 점이죠. 그래서 전문 스튜디오 대신 셀프 스튜디오나 인생네컷 같은 소소한 촬영을 즐기며 '함께 찍는 사진'을 보완했습니다. 셀프로 찍다가 조금 어설퍼 보일 때도 있었지만, 이건 홈 스냅으로 채웠습니다. 집에서 찍는 사진은 아이의 자연스러운 표정을 담을 수 있었고, 외출할 필요가 없으니 아이 컨디션이 좋을 때 촬영할 수 있다는 장점이 컸습니다. 일상 공간에서 찍은 사진은 훨씬 따뜻하고 생생했습니다.

셀프 촬영 소품을 만들다 보니 '나한테 이런 재주가 있었어?' 하는 순간도 생겼고, 아이를 위해 시도한 행동들이 엄마표 문화센터의 퀄리티까지 높여줬습니다. 사진력이 쑥 올라가면서 공부해 보고 싶다는 마음이 생겼고, 알고리즘이 추천해 준 '엄마표 성장 사진 촬영법' 계정도 열심히 팔로우했습니다. 촬영법을 따라 하다가 결국 강의까지 수강하게 되었고, 매일 챌린지를 하며 아이 사진 찍는 연습에 몰두했습니다. 보정법까지 배우니 실력이 눈에 띄게 좋아졌습니다. 덕분에 아이는 카메라 앞에서 자연스러워졌고, 저는 아이의 성장과 표정을 누구보다 가까이서 놓치지 않는 사람이 되었습니다.

다이어리 기록과 사진 기록을 병행하다 보니, 기록을 한눈에 보고 싶다는 마음이 생겼습니다. 그래서 매달 포토 다이어리를 만들었습니다. 집에 포토프린터를 두고 한 달 사진을 4장의 인화지에 출력했습니다. 8분할로 출력하면 적은 장수로도 한 달 기록이 충분히 담기거든요. 인화한 사진을 다이어리에 붙이고 한 줄 코멘트를 달면 '한 눈에 보이는 한 달 성장 보고서'가 완성되었습니다.

영상 기록도 빼놓을 수 없습니다. 저는 돌잔치를 별도로 하진 않았지만, 부모님께 아이의 성장을 보여드리고 싶어서 돌잔치 영상을 셀프로 제작했습니다. 검색으로 편집법을 배우고 직접 컷을 구성했죠. 그 과정에서 영상 편집의 재미도 느꼈습니다. 그런데 이 영상은 돌잔치 때만 보고 끝나지 않았습니다. 8살이 된 첫째가 가끔 본인 돌잔치 영상을 보여달라고 하거든요. 그리고 영상 속 제가 남긴 편지를 듣고 눈물을 글썽이며 "엄마의 사랑이 느껴져. 감동이야."라고 말합니다. 글을 읽기 시작하니 육아일기도 꺼내 읽는데, 그마저도 재미있다며 좋아합니다. 그 말 한마디에 '아, 기록하길 정말 잘했다. 이건 단순한 추억이 아니라 아이에게 사랑을 전달하는 최적의 방법이구나.' 싶었습니다.

사진과 영상 기록은 가족을 이어주는 매개였습니다. 특히 아이 사진과 영상을 양가 부모님에게 아이의 웃음과 성장을 전하는 것이 효도였어요. 사진을 보내며 자연스럽게 안부 묻게 되고요. 부모님은 아이 모습을 보며 행복해하셨어요. 적적했던 생활에 활력이 돈다고, 마음의 힘을 얻는다고 하셨어요. 멀리서 살아 자주 뵙지 못해, 아이가 건강하게 잘 자라고 있다는 증거를 전달하는 것으로 마냥 철부지였던 자식이 엄마가 되어가는 과정을 보여 드릴 수 있었어요. 효도하기 위해서는 육아를 더 잘해야겠다는 마음까지 생겼습니다.

그저 아이를 위해 시작한 소소한 기록이 사진과 영상편집 공부, 효도까지 이어지는 효과를 냈습니다. 육아휴직 기간 쌓인 기록물은 어느새 '육아휴직 보고서'가 되어 있었고, 첫째의 한마디가 그 보고서를 더 빛나게 해주었습니다. 저는 기록을 통해 추억을 남기려 했지만, 결국 사랑을 전하고 있다는 걸 깨닫게 되었습니다.

다씽 꿀팁

엄마의 시선으로 사진 촬영을 알려주는 계정 : 사진한끗차이

아이 촬영 소품, 육아용품 만들기 알려주는 계정 : Nina DIY

딱 1분만 생각하기

1. 휴대폰 사진첩에 가장 먼저 눈에 띄는 아이 사진은 어떤 순간인가요?

→ 그 사진이 나에게 왜 소중한지 잠깐만 떠올려보기

2. 육아일기를 쓰는 다이어리가 있나요?

→ 있다면 마지막으로 적은 기록은 언제인지, 없다면 어떤 방식이 나에게 맞을지 생각해보기.

3. 최근 부모님께 아이의 사진을 공유한 적이 언제인가요?

→ 사진 한 장이 누군가에겐 하루의 힘이 되기도 한다는 걸 기억하며

여행과 새로운 경험
(제주살이, 해외여행, 다양한 경험)

잠시 눈을 감고, 죽기 전에 꼭 해보고 싶은 일을 떠올려보세요. 저는 위시리스트 100가지를 적은 적이 있어요. 그중 무려 15개가 '여행'과 관련된 것들이더라고요. 직장 생활을 하면서 늘 마음 한구석에 쌓아두기만 했던 그 리스트를, 육아휴직을 하면서 하나둘씩 지워나갔습니다. 물론 아이와 함께하는 여행은 짐도 많고 몸도 고됩니다. "아이는 기억도 못 하는데 왜 그렇게 고생해?"라는 말도 들었어요. 그래도 저는 지금 아니면 못 한다는 마음으로 떠났습니다.

직장 다닐 때는 시간이 없어서 못 가고, 아이가 크면 또 일정과 체력 때문에 함께하기 어려워진다는 말. 그 말이 늘 마음에 걸렸거든요. 그래서 육아휴직 기간이 허락하는 만큼 아이와 여러 곳을 다녀왔습니다. 장기 국내 여행 3번, 해외여행 3번, 1~2박 여행들은 셀 수 없이 많았어요. 기차·지하철 등 다양한 교통수단을 경험하게 했고, 유적지·박물관 등을 찾아다니며 아이가 새로운 경험을 많이 할 수 있도록 했습니다. 그럼, 제가 실제로 아이들과 '찐하게' 했던 경험 몇 가지를 소개할게요.

두 번의 제주, 한 번의 동해살이

둘째를 낳고 난 뒤, 육아휴직 3년 차에 접어들었습니다. 그동안 저는 제주 한 달, 제주 보름, 동해 보름, 이렇게 총 세 번의 타지 장기 살이를 경험했어요. 한 달살이를 한다고 하면 사람들이 가장 먼저 묻는 말이 있었습니다.

"남편도 같이 가요?"

"남편은 출근해요. 저와 아이들만 가요."

라고, 말하면 '그 결심 진짜 대단하다.', '남편이 오히려 휴가 아니냐?' 같은 농담 반 부러움 반의 반응이 돌아왔어요. 응원을 참 많이 받고 떠났습니다.

그런데 남편이 없이 떠나는 한 달의 타지살이는 두려움이 컸습니다. 선뜻 떠나지 못하고 있었는데 실행에 옮기게 된 건 20년지기 친구 덕분이었습니다. "제주도 살아보고 싶다" 하고 툭 던졌던 버킷리스트를 친구가 덥석 잡아준 덕에 서로의 아이들과 함께 제주 한 달 살이를 시작했습니다.

아무리 절친이라도 학창 시절 이후 1년에 몇 번 볼까 말까 한 사이였고, 여행은 종종 다녔지만 이렇게 오래 함께 살아본 적은 없었어요. 한 달 동안 같이 지내다가 싸우면 어떡하지? 하는 걱정도 컸습니다. 그런데 결과는 반대였습니다. 3번의 장기 살이 함께 할 만큼, '역시 너와 나는 20년 지기인 이유가 있었어. 우린 잘 맞아!'를 확인한 시간이었어요. 육아휴직이 아니었다면, 친구와 제주에서 한 달 넘게 지내는 이런 경험이 가능했을까 싶더라고요.

친구 아이는 둘째 대박이와 동갑인 여자아이였어요. 또래라서 육아 루틴, 식습관 등이 비슷해 여행 내내 큰 문제 없이 보낼 수 있었어요. 한 달살이 이후에는 보름 살이로 제주를 재방문 했어요. 한 달의 시간이 너무 아쉬웠거든요. 보름으로 줄이게 된 이유는, 솔직하게 말해 아이와 24시간 붙어있는 한 달은 쉽지 않았거든요. 친구와 공동육아였지만, 결국 아이의 요구를 받아들이는 건 각자의 엄마였으니까요. 한 달의 시간 동안 남편이 함께 있었다면 조금은 나았겠지만, 한 달의 독박인 듯 독박 아닌 육아는 정말 길었습니다. 그래서 타협한 결과가 '보름'이었어요. 보름 동안 타지살이를 하는 것도 아주 매력적이었습니다.

첫 타지살이였던 한 달은 여름 제주 동쪽 조천읍에서, 보름은 늦가을 제주 서쪽 한림읍에서 지냈고요. 그렇게 제주살이의 여운이 남은 우리는 또 타지살이 병이 도졌어요. 육아휴직 3년 차 되던 해에 친구와 또다시 떠나기로 했습니다. '제주를 또 가고 싶지만, 비행·탁송 과정이 체력적으로 힘들다'는 이유로 육지 내 지역으로 골랐습니다. 바다가 있는 도시들을 비교하다 위치, 숙소 구조, 숙박비 등 고려했을 때 동해가 아주 적합했어요. 참고로 육지 보름 살이 리스트에는 태안·경주·속초·강릉 등을 후보로 있었어요.

숙소는 리브 애니웨이와 에어비앤비 숙박 플랫폼을 활용해서 검색했고, 두 가족이 함께 이동했기 때문에 숙박비·주유비 등을 반반 나눴어요. 타지살이를 고민할 때 가장 부담이 되는 부분이 '비용'인데, 이렇게 분담한 덕분에 타지살이를 3번이나 경험할 수 있었어요.

가족 모두가 함께 떠나는 것이 시간, 경제적으로 부담된다면, 저처럼 마음 맞는 지인과 짝을 이뤄 다녀오는 것도 적극 추천합니다.

한 달살이의 장점으로는 긴 시간 여유롭게 누릴 수 있었고 일정 기간 각자의 가족들이 방문 온 가족 여행이 될 수 있었어요. 보름 살이 있는 비용, 기간, 체력적인 부분에서 적당했습니다.

한 달살이를 버킷리스트에서 지우고 나니, 신기하게 또 다른 버킷리스트가 생기더라고요. 바로 해외 한 달살이입니다. 아이들이 더 크면 학사 일정 등으로, 현실적으로 쉽지 않겠지만요. 그래서 더더욱 미취학 아동 때의 한 달·보름 살이를 추천합니다. 저도 처음엔 무서웠습니다. 남편 없이 아이 둘 데리고 한 달을 버틸 수 있을까? 했는데 되더라고요. 그리고 해내고 나니 제 육아력은 눈에 띄게 올라와 있었습니다.

"나, 애 둘 데리고 제주 한 달살이 다녀온 여자야!"

이 말이 내면의 에너지가 되어서 저를 아주 강하게 만들어 주었습니다.

해외여행은 부모님과 함께

요즘은 해외여행이 보편화됐지만, 군인은 쉽게 떠날 수 없어요. 사전 승인, 보안 교육, 일정 제약 등 준비해야 할 것이 많습니다. 특히 장기간 일정이 필요한 해외여행은 복무 중에는 더욱 어려운 것이고요. 그래서 육아휴직 중 해외여행을 결심했습니다. 하지만 아이와 함께하는 해외여행은 시작 전부터 큰 부담으로 다가옵니다. 시간은 많은데 비용, 체력, 아이의 컨디션, 등 신경 써야 할 것이 한둘이 아닙니다. 시간은 충분하지만, 예상 못 한 변수들이 선뜻 비행기 예약을 못 하게 하는 큰 원인이 아닐까 싶어요. 그래도 제가 굳이 해외여행을 간 이유는 3가지였습니다.

첫째, 육아휴직이 아니면 자유롭게 갈 수 없다.

둘째, 부모님의 환갑 기념 여행이다.

셋째, 36개월 미만 자녀는 항공권이 무료다.

특히 두 번째 이유가 핵심이었어요. 신기하게도 제가 육아휴직을 하던 해에 부모님 환갑이 딱 겹쳤거든요.

첫째 출산 육아휴직 때는 친정 아빠 환갑으로 베트남,

둘째 출산 육아휴직 때는 친정엄마와 오사카, 시부모님과는 홋카이도에 다녀왔습니다.

우리 세대는 30대 초중반에 결혼과 출산을 하잖아요. 그렇다 보니 자녀의 출산으로 인한 육아휴직 시기와 부모님의 환갑이 얼추 비슷하게 맞아 떨어지더라고요. 양가 부모님 대부분이 해외여행이 처음이었고, 비행기조차 처음인 분도 계셨어요. 그래서 5시간 이내 비행, 부모님 성향에 맞춘 일정으로 최대한 부담을 줄였습니다. 부모님과의 해외여행은 준비할 것도 많고, 현장에서 가이드 역할을 하느라 고되기도 합니다. 하지만 장점이 있습니다. 아이를 봐줄 손이 두 배가 된다는 점. 손주와 함께 여행 간 게 너무 의미 있었다며 부모님 모두 고마워하셨어요. 육아휴직 덕분에 아이뿐 아니라 부모님에게도 좋은 추억을 드릴 수 있어 참 좋았습니다.

주말에는 나가자

집에만 있으면 자연스럽게 미디어 노출이 늘었습니다. 밥을 차려야 될 때, 청소해야 할 때, 빨래를 갤 때 등 안아달라 보채는 아이에게 영상을 보여줄 수밖에 없었습니다. 특히 주말에 장시간 집에 있게 될 때는 지루함에 못 이겨 TV와 태블릿을 찾았습니다. 모든 부모가 그렇겠지만 저 또한 미디어에 노출이 되는 환경을 만들고 싶지 않았습니다.

그래서 밖으로 많이 돌아다녔습니다. 휴직 전에는 주말에 외출하는 것이 버거웠지만 휴직 중에는 아이와 함께 할 수 있는 경험을 의식적으로 찾았어요. 그렇지만 주말에 한 번 나갔다 오면 10만원은 훌쩍 사라지는 요즘 물가에 어떻게 하면 외출을 하면서 비용을 절감할 수 있을까 고민이 많았습니다. 비싼 유료 체험, 전시 대신 무료, 저렴한 체험과 지역 축제 등을 중심으로 일정을 계획했습니다. 육아 인플루언서들의 SNS를 통해 최신 정보를 수집하고 저장해 두었어요. 제가 사는 지역 및 근접 도시의 지자체 공식 홈페이지 및 카카오톡 채널 등을 통해 지역 행사 정보를 놓치지 않으려 했습니다. 자녀의 또래가 맞는 지인 집을 방문하거나 우리 집으로 초대하기도 했습니다. 이때 제가 잘했다고 생각한 일 중 하나는 남편과 꼭 상의하고 주말 일정을 짰다는 겁니다. 평일 내내 직장에서 일한 사람의 에너지를 고려해서 외출의 강도를 결정했어요.

주말 일정에서 가장 중요한 건 '거리'였습니다. 너무 멀면 교통비, 이동시간 모두 부담이 크니까요. 그래서 저는 다음 기준으로 정보를 선별했습니다.

- 이동 시간 1~2시간 이내
- 입장료 유무
- 체험 활동 다양성

정보는 육아, 여행 인스타그램 계정과 여행지 정보 앱(놀이의 발견, 애기야가자 등)이었습니다. 여행지 정보 앱의 경우 입장료 할인 이벤트가 있기 때문에 잘만 활용하면 각종 체험, 입장료 등을 절약할 수 있었습니다.

그러나 각종 검색을 통해 얻게 된 정보를 저장하고 관리하는 것도 일이었습니다. 그래서 저는 네이버 지도 앱을 사용했습니다.

1. 네이버 지도 → 새 리스트 만들기 (예: 아이랑 가볼 곳)

2. 인스타 게시물 링크 복사

3. 지도에서 위치 검색

4. 별표 저장하기 + 메모·URL 붙여넣기

이렇게 해두면 주말에 "어디 가지?" 할 때 네이버 지도 앱만 열면 돼서 아주 편리했습니다. 육아는 변수가 많기 때문에, 정보가 많으면 플랜 B, C까지 세우기가 훨씬 수월합니다.

지금까지 제가 아이들과 찐하게 경험했던 이야기를 알려드렸습니다. 어느 날, 제가 했던 이 노력들이 결실을 느낀 순간이 있었습니다. 동해살이 후 며칠이 지난 날, 첫째를 씻기는데, 허벅지에 크게 "동해"라고 적혀 있는 거예요.

왜 그랬냐고 물었더니, "너무 좋아서 잊기 싫어 적었다"라고 하더라고요. 몸에 새길 정도로 기억하고 싶었다는 아이의 말에, 제가 했던 모든 수고가 헛되지 않았음을 느꼈습니다(물론 몸에 쓴 동해를 지우는데 애를 먹었습니다). 해외여행, 제주살이, 다양한 체험들… 아이는 다 기억했고 이야기했습니다. 휴직이 아니어도 할 수 있는 일들이지만, 휴직은 정보를 깊고 넓게 탐색할 여유를 주는 시간이었습니다. 미디어에서 벗어나기 위한 발버둥이, 휴직으로 많아진 시간을 효과적으로 사용하고자 했던 마음이 아이에게도 닿았고, 덤으로 부모님께 효도까지 할 수 있었어요.

여러분도 육아휴직 동안 아이와 함께 찐하게 연결되는 다양한 경험, 버킷리스트를 하나씩 이뤄보시기 바랍니다.

다씽 꿀팁

제주살이의 더 깊은 이야기는 브런치에서 확인해주세요. 한 달·보름달이 숙소 비용을 비교하면, 동일 조건에서는 제주가 더 저렴한 경우가 많습니다. 수요와 공급이 많아 가격 경쟁이 치열한 것이 이유인 듯해요.

육아휴직 중 해외여행은 자녀 동반이 원칙입니다. 해외여행이 금지된 것은 아니지만, 규정을 위반하면 급여 제한이나 기관별 처벌이 있을 수 있으니 반드시 확인해야 합니다. 군인은 반드시 사전 허가가 필요하며, 반기별 출입국사실증명서 제출 의무가 있습니다. 증명서는 정부24 또는 행정복지센터에서 발급할 수 있습니다(오프라인은 장당 1,000원).

다자녀 가정이라면 둘째 임신과 동시에 지역별 다자녀 카드를 발급해 입장료·주차 할인 혜택을 꼭 챙기세요. (서울특별시는 다둥이 행복카드, 경기도는 경기아이플러스카드 등 명칭이 다르니 발급할 지역의 다둥이 카드를 검색해서 활용하시기 바랍니다.)

딱 1분만 생각하기

1. 지금 아이와 함께 떠난다면, 꼭 가보고 싶은 '1순위 장소'는 어디인가요?

→ 장소보다 중요한 건, '왜 그곳인가?' 하는 이유예요

2. 여행이 아니더라도, 아이와 함께 '지금 해볼 수 있는 새로운 경험'한 가지가 있다면 무엇인가요?

→ 거창하지 않아도 돼요. 동네 산책길, 서점, 기차 한 정거장도 충분합니다.

3. 미루고만 있던 나의 버킷리스트 중, 육아휴직 기간에 하나라도 실현해 본다면 어떤 변화가 생길까요?

→ 아이와 함께라서 가능한 것, 혹은 아이 덕분에 더 의미 있는 것을 떠올려보세요.

육아일기로 시작한 기록은 인생의 지도를 바꾸는 거대한 물줄기가
되었습니다. 아이의 어제를 붙잡으려 시작한 문장들이 모여,
오늘을 뜨겁게 살아가는 나의 동력이 되었습니다.
이 기록들은 내가 엄마로서, 그리고 나 자신으로서 치열하게 사랑
하고 투쟁하며 성장해 온 가장 아름다운 훈장입니다.

휴~

이제 숨 좀 돌리자,
나도 키우기

아이를 키우려면 나도 키워라

제 인생에는 두 번의 육아휴직이 있었어요. 첫째 때 1년 6개월, 둘째 때 2년 6개월.

육아휴직을 두 번 했다고 자랑하려는 건 아니에요. 첫 번째 휴직이 아쉬움이 많았기 때문에, 지금, 이 글을 읽고 있는 '첫' 휴직자분들이 저와 같은 경험은 없길 바라는 마음으로 저의 육아휴직 이야기를 해보려 합니다.

첫 번째 휴직 때 저는 정말 '아이만' 봤어요. 제 몸은 돌보는 법도 몰랐고, 매일이 버거웠어요. 복직에 대한 두려움은 마음 한쪽에 남아 있었고요. 그래도 첫 육아휴직을 실패라고 말하고 싶진 않아요. 엄마가 되어 생명을 건강하게 키워낸 시간은 그 자체로 큰 성취였으니까요.

하지만 두 번째 육아휴직에서는 조금 다른 모습으로 살고 싶었어요. 아이만 돌보는 사람이 아니라, 저도 함께 자라는 사람이 되고 싶었어요.

남편의 육아휴직이 준 깨달음

제 육아휴직의 흐름을 크게 바꾼 사람은 남편이었어요. 제가 첫 휴직을 마치고 복직했을 때, 이번에는 남편이 육아휴직했거든요. 남편의 휴직과 제 휴직의 가장 큰 차이는 '개인 시간'이 있었느냐 없었느냐였어요. 남편은 휴직 중에도 새벽 4시에 기상했고, 아이를 어린이집에 보내는 동안 하루에 6~8시간 정도 자기 시간을 확보했어요. 확보한 시간에 책도 읽고 운동도 하고, 집안일도 무리 없이 해냈죠. 아이도 밝았고, 남편도 늘 활기찼어요. 저는 첫 휴직 때 집이 늘 엉망이었고, 내 몸 씻는 것도 버거웠고, 끼니 챙기기도 힘들었는데 말이에요. 남편의 휴직을 보면서 자연스럽게 남편을 분석하게 되더라고요.

"같은 육아휴직인데 나는 왜 저렇게 못 했을까?"

남편이 속으로 '내가 육아휴직 하니까 가사도, 육아도 다 잘하지?' 하며 우쭐해하고 있지 않을까 하는 열등감까지 느꼈습니다. 그러면서도 마음속에서는 남편의 휴직이 부럽기도 했습니다. 제가 육아휴직을 할 때는 아이의 양육 시기가 차이가 있었기 때문에 24시간 아이와 붙어 있었고, 남편은 아이의 등원이라는 '숨 쉴 틈이 있었다'라고 핑계 아닌 핑계를 대고 싶지만, 시간은 자기가 만들기 나름이더라고요.

그래서 복직 후에는 남편을 닮아보려고 새벽 기상도 하고, 운동도 하고, 자연스럽게 기록도 시작하게 되었어요. 그러다 보니 어느새 다이어리 24권을 쓰고 있는 사람이 되어 있었고요. 그리고 둘째 육아휴직에도 이 루틴을 그대로 이어갔어요. 첫 번째 휴직 때처럼 시간이 흘러가는 대로 흘러가는 게 아니라, 내가 원하는 방향으로 노를 저어가고 싶었거든요.

나를 키우는 두 가지 축: 체력과 내면

나를 키우는 활동은 크게 두 가지예요. 체력을 키우는 것, 그리고 내면을 키우는 것. 엄마가 되는 순간 이 두 가지는 선택이 아니라 필수입니다. 특히 신생아 시절에는 수면 질이 무너지고 체력이 바닥나기 때문에 체력 관리가 진짜 중요해요.

우선 체력 관리 이야기를 해볼게요. 첫째를 30대 초반에 낳았을 때는 친정에서 100일 조리했는데, 친정엄마의 열혈 간섭(?) 덕분에 운동은 꿈도 못 꿨어요. 하지만 둘째는 30대 후반이었기에 조금 더 전략적으로 움직이고 싶었어요. 조리원에서 집에 돌아오자마자 바로 새벽 기상과 운동을 시작했고, 혼자 하면 흐지부지될까 봐 유료 새벽 운동 챌린지에도 참여했어요. 아이가 깨어나면 옆에 두고 운동했고, 식습관도 함께 관리했고요. 그랬더니 출산 3개월 만에 임신

전보다 더 감량되었고, 체력도 확실히 좋아지는 게 느껴졌어요. 새벽 기상을 해도 다음 날 거뜬했거든요. 저는 두 아이 모두 12개월까지 모유 수유를 했기 때문에 자연스럽게 식사조절을 해야 했어요. 음주는 더더욱 할 수 없었고요. 그렇기 때문에 건강한 몸을 유지할 수 있었던 것 같습니다.

기관 등원 전·후 운동 루틴

'기관 등원 전'에는 거의 하루 종일 아이와 함께 있는 시간이기 때문에 홈트가 가장 현실적이었어요. 유튜브에서 '산후 홈트'를 검색하면 실제 엄마들이 만든 콘텐츠가 많아서 도움이 컸고, 저는 흥둥이와 키키티비를 주로 봤어요. 특히 키키티비의 새벽 챌린지는 '같이 하는 느낌'이라 동기부여가 컸어요. 남편 퇴근 후 운동 루틴도 시도했지만, 남편의 야근·회식 변수에 쉽게 흔들려 오래 유지되기 어려웠어요.

'기관 등원 후' 오전 9시~오후 3시는 정말 황금 시간이에요. 이 시간에는 필라테스, 요가, 방송 댄스 같은 강좌도 많고, 비용을 아끼고 싶다면 지역 평생교육원 강좌도 좋아요. 저는 러닝·실내 자전거·계단 오르기·수영을 병행했는데, 그중에서도 특히 수영과 러닝을 추천하고 싶어요.

수영은 아이와 물놀이하면서 꼭 배워야겠다고 생각하게 된 운동이었어요. 물놀이 사고에 대비할 수 있고, 아이도 자연스럽게 물을 무서워하지 않게 되니까요. 근데 수영의 진짜 장점은 따로 있습니다.

1. 핸드폰과 완전히 분리되는 유일한 운동

물속에서는 알람도, 메시지도, 육아 단톡도 잠시 멈춰요. 엄마에게 꼭 필요한 '완전한 단절' 시간이 자연스럽게 만들어져요.

2. 온몸을 부드럽게 쓰는 운동이라 부담이 적다.

관절에 무리가 거의 없고 부상 위험이 적어서 산후 회복기에도 안정적으로 시작할 수 있어요. 체형 교정에도 좋아서 '엄마 몸 리셋' 운동으로 최고예요.

3. 운동 후 '반드시 씻게 된다'라는 점이 삶의 퀄리티를 끌어올린다.

엄마가 되고 나면 씻는 시간조차 사치처럼 느껴지죠. 수영은 무조건 씻어야 하는 운동이라, 억지로라도 엄마에게 상쾌한 리셋 시간이 생겨요.

4. 짧아도 운동 효과가 크다.

물속에서는 같은 시간 대비 칼로리 소비가 크고, 심폐지구력·근력·유연성이 동시에 길러져요. "짧게 해도 뿌듯한 운동"이라는 게 엄마에게 정말 큰 장점이에요.

5. 아이와의 물놀이·위험 상황에도 큰 도움이 된다

수영을 배운 엄마는 아이와의 물놀이가 훨씬 여유롭고, 예기치 못한 상황에서도 아이를 도울 수 있다는 '안심'을 얻어요. 아이도 물놀이할 때 수영하는 저의 모습을 보며 물을 자연스럽게 좋아하게 되더라고요.

물을 무서워하는 분도 계실 수 있으니, 러닝의 장점도 소개해 볼게요.

1. 시간·장소 제약이 거의 없다

운동화만 신으면 언제든 가능해요. 등원 후, 낮잠 시간, 집 앞 산책로… 엄마에게 가장 현실적인 운동이에요. 우중런, 설중런, 한파런 이란 말이 있듯이 의지만 있다면 가능한 운동.

2. 초보자도 부담 없이 시작할 수 있다.

걷기와 달리기를 섞어 천천히 시작하면 됩니다. 준비 과정이 간단해서 바로 실천할 수 있어요. 삼성 헬스, 나이키 런 클럽 등 러닝 앱에 초보자를 위한 음성 코치도 활용하면 좋습니다.

3. 작은 성공이 큰 변화를 만든다

자기 효능감을 빠르게 올려주는 운동이에요. 저는 컨디션에 따라 3km, 5km 정도 뛰고 있는데 속도는 중요하지 않아요. 그저 한 번도 걷지 않고 천천히라도 뛰었다는 것 하나만으로도 큰 성취감이 밀려옵니다. 러닝 앱을 통해 러닝 기록을 모아보세요! 효과는 극대화됩니다.

4. 비용이 거의 들지 않는다

필요한 건 운동화 하나뿐이에요. 수업료·별도 장비 없이 꾸준히 할 수 있어 부담이 없어요. 물론 깊게 들어가면 비용이 들긴 하겠지만요.

5. 머리가 맑아지고 감정이 정리된다

러닝은 뛰기 시작한 지 10분만 지나도 엔도르핀과 세로토닌이 올라옵니다. 생각이 가벼워지고 스트레스가 줄어요. 엄마의 하루를 리셋해 주는 효과가 있습니다.

이 두 운동이 제 체력을 완전히 바꿔놓았어요. 어디 가서 운동 좀 한다는 소리도 듣게 됐고요. 마라톤이나 수영 대회에 나가보고 싶다는 작은 꿈도 생겼습니다. 육아만 하던 매일에 운동은 활력을 불어넣어 줬고, 그 활력은 다시 육아로 돌아오는 선순환이 되었습니다.

육아휴직의 최고 자기 계발 : 독서와 기록

저는 육아휴직 동안 할 수 있는 최고의 자기 계발은 독서와 기록이라고 생각합니다. 육아의 연장선으로도 볼 수 있는 독서와 기록은 아이들에게도 아주 좋은 영향을 줍니다. 부모가 책 읽는 모습을 보여주는 것만큼 강력한 교육은 없으니까요. 아이는 부모의 거울이라는 소리를 들어보셨을 겁니다. 책 육아를 하고자 하는 부모는 많지만 정작 본인이 책을 보고 있는지부터 살펴야 합니다. 오죽하면 책처럼 보이는 상자에 스마트폰을 넣어 보는 아이템까지 출시가 됐을까요? 그만큼 '부모가 책 읽는 모습'은 아이에게 큰 자극이 됩니다.

독서는 정말 가성비 좋은 취미예요. 성인 기준 250페이지 되는 책을 읽는다고 가정하면 독서 초보자의 경우 8시간, 평소 책을 종종 읽는 사람은 6시간 걸린다고 합니다. 요즘 한국 신간 1권 값이 평균 19,000원대인 것을 고려하면 독서 초보자의 경우 1시간에 2,300원으로 책 육아, 내 지식 쌓기까지 할 수 있는 겁니다. 이마저도 도서관을 이용하면 무료로 즐길 수도 있고요. 가만히 앉아 책 읽기가 어렵다면 오디오북도 좋아요. 집안일이나 운전 중에도 들을 수 있으니까요.

지자체에서 운영하는 전자도서관을 활용하면 전자도서관 가입만으로도 무료로 오디오북을 이용할 수 있어요. 전자책 플랫폼인 밀리의 서재, 윌라, 크레마, 리디북스 등은 신규 가입자에게 1개월에서 많게는 3개월 무료 행사도 진행합니다. 통신사와 연계해서 무료 가입이 되는 전자책 플랫폼도 있고요. 사고의 확장을 통해서 세상을 바라보는 시야가 넓어지고 그로 인해 삶이 더 풍요로워집니다.

책을 잘, 꾸준히 읽고 싶은 마음에 독서 챌린지에 참여했습니다. 그렇게 알게 된 인연이 서로를 응원하고 각자의 성장을 지켜보는 증인이 되었습니다. 육아휴직 동안 성인과 대화할 일이 적었는데 챌린지를 통해 열심히 사는 사람들과 대화할 기회도 생겼고, 다양한 분야에서 종사하는 분들과 만나니 세상이 더 재밌게 느껴졌고, 응원도 받으며 정서적 안정 효과까지 얻을 수 있었습니다.

최근 조사에 따르면 대한민국 성인의 연간 평균 독서 권수는 4권 정도라고 해요. 육아휴직 중에 목표를 5권만 잡는다면 평균 이상의 독서가가 되겠죠? 이번 기회에 대한민국 평균 이상의 사람이 되어보자고요. 딱 하루 30분만 독서해 보세요. 여러분의 가정에 큰 변화가 올 것이라는 것 제가 장담합니다. 어떤 책이든 상관없습니다. 장르 가리지 말고, 우선 손에 책을 들고 적혀 있는 활자들을 내 눈에 담아 보는 시간을 가져보는 겁니다. 그럼 자연스럽게 '오늘 하루 좀 멋지게 보냈네' 하는 느낌을 받으실 겁니다.

그리고 독서와 기록은 떼려야 뗄 수 없어요. 기록하면 보통 일기를 떠올리지만, 저는 필사도 열심히 했습니다. 독서하고 나면 주옥같은 문장, 내 마음을 울린 문장들이 존재합니다. 책에 밑줄을 긋고 다시 밑줄 친 문장을 천천히 손으로 적어 내려가는 시간이 그렇게 힐링이더라고요. 정신없이 뒤엉킨 시간이 차분히 가라앉았습니다. 그저 작가의 문장을 베껴 쓰는 것뿐인데도 작가한테 칭찬받는 느낌이기도 했습니다. 작가의 생각과 고뇌의 시간을 훔친다고 생각하니 재밌기도 했습니다.

또 나만의 스타일로 베껴 적어 간 노트는 저만의 책으로 완성되어 있었습니다. 생각날 때마다 필사 노트를 꺼냈고, 독서와 필사를 병행하며 천천히 작가와 연결이 됐습니다. 학창 시절 공부 잘하는 친구 필기 베껴 적어본 경험 있으실 겁니다. 그때 그 필기를 베껴 적으며 '와 이렇게까지 필기한다고?' 감탄도 했고 적기만 하는데도 머릿속에 쏙쏙 들어오는 느낌. 필사가 그렇습니다. 그냥 눈으로 읽는 독서로 대략적인 이야기를 훑었다면 필사는 내 머리에 각인을 시키는 행위더라고요.

필사하고 나서는 차분한 상태가 되었고 필사한 문장을 곱씹으며 발전적인 생각을 하는 사람이 되었어요. 이런 행위가 쌓이면서 아이들에게도 다양한 어휘를 구사할 수 있게 되었고요. 막무가내로 떼쓰는 아이에게 차분하게 설명할 수 있었어요. 특히 육아서를 독서하고 필사할 때는 더욱 빛을 발했습니다. 한 번 읽고 끄덕이던 그 내용을 필사해 둠으로써 필사 노트는 나만의 육아 요약집이 된 셈이었습니다. 육아하며 흔들릴 때면 액기스만 모아둔 필사 노트를 꺼내 읽었어요. 독서로 휘발되었던 육아 방법이 선명해졌어요. 훈육이 필요할 때 감정에 앞서 버럭 화를 내기보단 후~ 하고 한숨 돌리고 아이를 진정시킬 수 있었습니다.

결국, 자기 계발은 아이를 위한 일

육아휴직 동안의 자기 계발은 결국 '아이를 위한 나 키우기'였어요.

> 매일 지쳐 소파에 누워있는 부모
>
> vs 운동하고 책 읽고 기록하며 자신을 키우는 부모.

아이에게 어떤 모습을 보여주고 싶은지는 우리가 선택할 수 있습니다.

'와 어떻게 해? 애 보는 것 하나만으로도 이렇게 힘든데…? 나는 못해'라고 생각하실 수 있습니다. 그 마음 충분히 이해합니다. 위의 생각은 제가 했던 말이거든요. 그런데 생각을 바꾸고 조금씩 실천해 보니 되더라고요. 우리는 이제 부모가 되었고, 아이들을 건강한 신체와 정신을 가진 아이로 성장시키고자 한다면 부모가 건강한 신체와 정신을 가져야겠더라고요.

'아이에게 모든 것을 주겠다!'라는 마음을 가진 부모가 많습니다. 그런데 너무 쏟아내기만 하면 내 속은 점점 비워지겠죠? 저는 텅 빈 나로 살고 싶지 않았어요. 매일 채우고 비워내는 과정을 반복하며 제 안의 잠재력을 깨우고 싶었어요. 나를 키우는 행위의 반복은 여유 있는 사고를 할 수 있게 했습니다. 내면을 넓혀주기도 했고요. 많은 것을 주고 싶다면 더 많이 자기 계발하고 그 모습을 아이들에게 보여주는 것임을 깨달았습니다.

'자기 계발 좋은 거 알죠…. 근데 안 하던 거라 너무 어려워요.'라는 말은 이제 bye! 아이의 올바른 성장을 희망하는 부모라면 자기 계발은 무조건 시도해야 합니다. 하루 딱 10분만 시작해 보세요. 핸드폰을 내려놓고 오롯이 나에게 집중해 보세요. 그걸 일주일만 해봐도 내 안에 작은 성장 씨앗이 싹을 틔우는 느낌을 받으실 겁니다.

아이도 성장해야 하잖아요. 그렇다면 우리는, 아이와 함께 자라기 위해 자기 계발을 해야 해요. 부모의 성장은 결국 아이의 성장을 밀어주는 힘이 되니까요.

다잉 꿀팁

집에서만 공부하지 마세요. 도서관, 청년공감터, 무인카페처럼 집 밖에 '나를 위한 공간'을 하나 만들어보면 훨씬 편해요. 외출 자체가 자극이 되고, 새로운 에너지가 들어오니까요.

딱 1분만 생각하기

1. "나도 키운다"를 5번 소리 내어 말해보기! 오늘 하루를 아이 중심이 아니라 아이 + 나 중심으로 바라보는 연습이에요.

→ 소리 내어 말하는 순간, 마음가짐이 확 달라져요.

2. 지금 가장 읽고 싶은 책 한 권 선택하기! 육아휴직서 다 읽고 난 뒤, 바로 이어 읽을 '나를 위한 책'을 하나 골라보세요.

→ 책을 정하는 순간, 독서는 이미 50% 시작된 거예요.

3. 체력을 위해 '내가 할 수 있는 운동' 하나 정해보기! 러닝 10분, 수영 주 2회, 홈트 15분... 어떤 형태든 좋아요.

→ 내 체력은 육아의 바닥을 끌어올리는 가장 빠른 방법이에요.

육아휴직 중 시간 관리법

어느 날 알고리즘이 저에게 영상 하나를 보여줬습니다. 영상 속에는 엄마가 등장했어요. 아이를 등원시키고 집에 돌아와 소파에 앉는데, 눈을 깜빡하니 어느새 아이 하원 시간이 되어 있던 영상이었습니다. 바로 '좋아요'를 누르고 댓글을 훑었죠. "혹시 전가요?", "정말 시간 빨리 가요.", "한 것도 없는데 시간이 너무 아깝다." 댓글 창엔 너도나도 자신의 얘기라며 공감을 쏟아내고 있었습니다. 육아를 하는 사람들이 공통으로 하는 말이 있습니다.

"시간이 너무 빨리 간다."

육아휴직을 멀리서 보면 길어 보이는데, 매일 들여다보면 휙휙 지나가더라고요. 일과 육아의 경계가 사라진 집 안에서 시간은 너무 빨리 사라졌습니다. 집안일은 해도 해도 티가 안 났고, 육퇴 후 개인 시간을 가져보려 해도 피로에 지쳐 잠들면 하루 종료. 그렇게 아침에 눈을 뜨면, 하루가 통째로 사라진 기분이 들 때도 있었어요.

둘째가 태어난 지 10개월이 지났을 무렵, 아무리 정리해도 집은 어수선했고 저 자신도 제대로 챙기지 못했던 시기였습니다. 독서도 하고 기록도 하며 자기 계발을 해보려 했지만, 돌도 지나지 않은 아기와 하루 종일 함께 있다 보니 무엇 하나 제대로 해내지 못했어요. 나는 왜 이러고 사나 자책을 많이 했던 때였습니다.

그러던 어느 날 남편이 조심스레 말했습니다.

"가사도우미를 써보면 어때? 한 달에 얼마 정도면 될까?"

순간 마음이 철렁 내려앉았습니다. 육아휴직으로 줄어든 수입 속에서 한 푼이라도 아끼려 애쓰던 상황이었거든요. "그 돈을 차라리 나한테 주지, 왜 도우미를 써?" 참았던 감정이 터져버렸습니다. 이때 결혼 후 처음으로 크게 다툰 사건이었습니다. 남편은 그저 "집이 항상 어수선하니까 힘들면 도움을 받아보자"라는 뜻이었다고 했지만, 제겐 그 말이 '내가 육아휴직자로써 육아도, 가사도 잘 못해내고 있다'라는 평가처럼 들렸습니다.

남편의 한마디가 저를 돌아보게 했습니다. 10개월이라는 긴 휴직이 나를 스스로 위축시키고 있다는 사실을 그때 처음 깨달았어요. 저는 남편에게 솔직하게 털어놓았습니다. 휴직자로서 느끼는 감정, 하루 24시간 집 안에 머물며 느낀 답답함, 보이지 않는 노동의 무게까지. 며칠 뒤 남편이 먼저 화해의 손을 내밀었고, 그 일을 계기로 우리는 서로의 처지를 이해하게 되었습니다.

저는 나 자신을 다시 들여다보는 시간을 갖게 되었고요. 10개월 동안 나는 무엇을 했을까. 찬찬히 돌아보았습니다. 아이는 잘 키우면서 나도 성장하고자 했지만 이도저도 아닌 나 자신을 발견하게 됐어요. '두 아이를 키운다'라는 핑계를 대며 내 시간을 그냥 흘려보내고 있었습니다. 그런데 하루 24시간을 온전히 아이에게 썼다면 덜 억울했을 것 같아요. 하루 대부분을 도파민의 노예로 살고 있었더라고요. 아이 낮잠 시간에 잠깐 본다는 숏폼, 의미 없는 카톡 대화, 기저귀 사러 들어갔다가 끝 없는 아이 쇼핑까지. 그렇게 흘려보낸 시간이 쌓여 '오늘은 아무것도 못 했다'라는 자책으로 돌아왔습니다.

물론 아이와 함께한 시간은 귀중했죠. 그런데 '나는 왜 이런 상황이 되었을까'를 곰곰이 생각해 보니, 결론은 하나였습니다.

'시간을 원하는 대로 관리하지 못했구나…'

그래서 특단의 대책이 필요했습니다. 여러 시행착오를 겪으며 제가 터득하게 된 방법은 바로 기록과 새벽기상이었어요.

출산 후에는 하루를 버티는 데 집중하느라 기록과 새벽기상을 놓고 살았습니다. 그래서 출산 전의 나를 떠올려보았습니다. 정해진 시간에 업무를 완료해야 했기에 출근 전 투두리스트를 적었고, 퇴근 전엔 그날 끝내야 할 일을 점검했습니다. 자기 계발 시간을 마련하고자 새벽 5~6시에는 기상했고요. 그래야 몰입해서 일할 수 있었고, 성장형 인간으로 살아가는 성취감에 일도 더 잘 풀렸습니다. 새벽기상하면 읽고, 쓰기를 하며 나를 돌봤어요. 매일 나아지는 삶을 경험했습니다. 자기 전에는 '일상육아, 자뻑일기' (다음 챕터에 자세히 알려드릴게요)를 썼고, 주 단위·월 단위로 회고하며 개선점을 찾고 실행했습니다.

워킹맘 시절, 저의 시간을 지탱해 준 건 '기록과 새벽기상'이었습니다.그런데 기록과 새벽기상이 멈췄던 10개월이 저를 흔들어 놓았던 거죠. 다시 육아휴직에도 이 방법을 다시 적용했습니다. 5시 기상을 했고 아침 투두리스트를 적었습니다. 소소한 것까지 모두 작성했어요. '기저귀 구매하기, 빨래 널기, 하원 전 장보기' 같은 해야 할 일과 '독서 30분, 필사 30분' 같은 하고 싶은 것을 함께 적었습니다. 투두를 다 지우지 못하는 날도 있었지만, 하려던 의지와 해낸 기록은 고스란히 남아 있더라고요. 아무것도 아니었던 하루가 '뭔가 해낸 하루, 뭐라도 하려고 했던 하루'로 기록은 저에게 응원을 건네줬습니다.

남편에게 일기 쓸 시간을 보장해달라고 선언했어요. 잠자리에 들기 전 일기 쓸 동안 남편이 아이들을 보면 저는 10~20분 정도 책상에 앉아 하루를 곱씹으며 잘한 일, 아쉬웠던 일을 적어 내려갔습니다. 하루를 적고 보니 저는 꽤 괜찮은 사람이었어요. 아이들을 위해 손수 간식을 만든 날도 있었고, 집안일을 미루지 않은 날은 스스로 대견했습니다.

그렇게 모인 기록을 주 단위·월 단위로 다시 살폈습니다. 그러자 제 삶의 패턴이 보이기 시작했어요. 매주 수요일마다 정신이 없던 이유는 첫째 학습지 방문 요일이었고, 미처 못한 학습지를 완료시키고 집 정리까지 해야 하는 날이었거든요. 또 집 정리 루틴이 없다는 사실도 깨달았습니다. 그래서 요일별로 집 정리 구역을 정했습니다. 기록을 통해 발견한 어지러진 삶을 정돈하기 시작했습니다. 첫째에게는 '매일 학습지 하자~'라는 말 대신, 엄마에게 확인받고 스티커를 붙일 수 있는 동기부여 판을 만들어줬어요. 아이의 습관 형성에도 좋았지만, 시간 관리를 위한 최적의 방법이었습니다. 여기저기 흩어져 사라지던 시간이 이제는 한곳으로 모여 제가 원하는 방향으로 흘러가더라고요.

그런데 기록만 한다고 시간을 원하는 대로 쓸 수 있는 건 아니었어요. 나만의 시간을 마련하는 것도 중요했어요. 나만의 시간 마련하기! 하면 떠오르는건 단연 육퇴일겁니다. 하지만 제 육아휴직에는 육퇴란 단어는 없었습니다. 항상 아이랑 같이 잠들었거든요. 일부러 그렇게 했어요. 육퇴 후 시간보다 조기 출근의 시간을 택했거든요. 육퇴, 조기 출근 모두 아이들이 잠들어 있는 상황인 것은 같아요. 육퇴인 늦은 밤이냐 조기 출근인 이른 아침이냐의 차이만 있을 뿐이죠.

내가 휴대폰이 됐다고 생각해 볼게요. 육퇴는 하루 종일 사용해서 배터리가 20% 이하일 상태, 반대로 조기 출근은 배터리가 100%인 상태일 겁니다. 어떤 상태일 때 나를 위한 시간으로 사용하고 싶으신가요? 저는 100%일 때를 선택했습니다. 육퇴와 조기 출근 모두가 잠든 시간인 듯 보이지만 육퇴 후의 시간에는 주변에도 깨어있는 사람이 많습니다. 그 말은 방해 요소가 많다는 뜻이고요. 조기 출근은 방해 요소가 아주 적어요. 아주 고요하죠. 그 고요한 시간은 나만의 시간이 되기에 아주 최적화 된 시간이었어요. 나만의 시간에는 독서, 필사, 마음 챙김 시간으로 활용했어요. 육퇴를 하고 난 이후에 하려니 체력을 모두 사용한 후에 하는 거라 집중도가 많이 떨어지더라고요.

새벽 기상, 안 해봤던 거라 많이 힘들 순 있어요. 평소 기상 시간보다 10~30분 일찍 일어나기를 시작으로 점차 늘려 가보세요. 물론 잠드는 시간은 아이와 함께 10시 이전에 해야 합니다. 워치가 있다면 꼭 착용하고 주무세요. 수면 패턴을 분석해서 본인에게 최적의 수면시간을 체크 해줍니다. 그렇게 자신의 수면 패턴을 파악하다 보면 새벽 기상이 조금씩 수월해지고, 어느 순간 새벽 기상의 유익을 제대로 맛보게 될 거예요. 그 맛을 보기 시작하면 새벽 시간을 놓치고 싶지 않게 됩니다. 새벽 기상을 하는 것은 영화 해리포터의 헤르미온느가 가지고 있는 '타임터너'라는 마법 도구를 손에 넣은 느낌이에요. 똑같이 주어진 24시간이지만, 남들보다 하루를 더 많이 사는 기분을 들게 하거든요. 또 새벽 기상에 성공했다는 성취감, 또 그 시간에 독서, 기록하며 어제보다 나은 나를 만나게 된 작은 기쁨이 하루를 더 멋지게 열어줬어요. 기분 좋게 시작한 하루는 역시나 좋은 하루의 연속을 만들어주더라고요.

결국 날마다 시간을 관리하는 방법은 '기록과 새벽 기상'이었습니다. 기록은 하루를 정돈하게 했고, 새벽 기상은 더 많은 시간을 갖게 했습니다. 하루가 정돈되니 마음이 안정됐고, 시간이 많아지니 여유가 생겼습니다. 기록과 새벽 기상의 힘은 대단합니다. 시간을 붙잡아두고, 육아휴직이라는 불안한 마음을 치유해주기도 합니다. 시간은 누구에게나 흘러가지만, 기록과 새벽 기상은 그 시간을 의미 있게 남겨줬습니다.

육아휴직 중이라면 그 누구보다 기록과 새벽 기상이 필요합니다. 오늘부터라도 작은 메모 한 줄, 평소보다 빠른 기상으로 하루를 붙잡아 보기바랍니다. 거창할 필요 없습니다. 집에 종이와 펜 하나쯤은 다 있습니다. 없다면 당장 다이소에서 2천 원만 투자하세요. 그 작은 도구가 당신의 시간을 관리하고, 육아휴직으로 위축됐던 나를 일으켜 세워줄 것입니다.

기록은 할 수 있을 것 같은데 새벽기상은 자신 없다고요?

아이들 잘 때 같이 주무시고, 밤에는 침대 곁에 핸드폰을 두지 않는 겁니다.

"그럼 알람은 어떻게 해요?"

요즘 워치 하나쯤은 다 가지고 계시잖아요? 저는 핸드폰은 거실에 두고 침실로 들어가고, 워치만 차고 잡니다. 알람은 워치 진동으로 해결해요. 워치가 불편한데요? 하는 분들은 밴드형 스트랩이 있어요. 스트랩만 바꿔도 워치 착용이 편해져요.

낮에 피곤하면 어쩌냐? 는 질문은 할 수 있어요. 출근하는 것도 아닌데 낮에 졸리면 밀도 높은 낮잠을 10~20분만 자도 금방 회복되요. 그러니 걱정하지 않으셔도 됩니다.

"그래도 저는 새벽기상 못할 것 같아요…"

이렇게 생각하고 계시다면, 저는 이렇게 말씀드리고 싶어요.

'육아휴직을 잘 보내고 싶어서 이 책을 읽고 계신 거잖아요. 시도도 해보기 전에 스스로에게 너무 빨리 포기 선언하지 말아주세요.'

새벽기상은 단번에 성공하는 사람이 거의 없습니다. 하루 10분, 20분만 당겨도 충분히 시작할 수 있어요. 조금씩 늘려가면 됩니다. 새벽 기상 챌린지에 참여해보는 것도 좋고요.

육아휴직은 시간을 잃는 시기가 아니라, 기록과 새벽 기상을 통해 나를 다시 발견하는 시간입니다. 기록과 새벽기상은 분명 당신을 더 나은 사람으로 만들어줄 거예요. 어려워 보여도 괜찮습니다. 할 수 있는 만큼, 아주 조금씩, 당신의 속도로 해보면 됩니다.

다찡 꿀팁

시간을 뺏는 핸드폰으로부터 멀어지는 방법

1. 방해금지·업무·수면 모드 적극 활용하기

디지털 웰빙을 위해 매일 정해진 시간에 모드가 자동 실행되도록 설정하세요. 강제적인 환경이 결국 습관을 만듭니다.

2. 앱 타이머 설정하기

저는 인스타그램을 1시간, 유튜브 1시간으로 설정해 두었습니다. 제한 시간이 되면 자동으로 잠기고, 최소한 “아, 나 1시간이나 썼구나”라는 자각하게 됩니다.

<빨리 잠들기 팁>

저녁 알람을 맞춰 둡니다. 알람이 울리면 간접조명으로 바꾸어 집안의 조도를 낮춥니다. 워치를 착용하고 핸드폰은 침실 밖에 둡니다. 수면에 도움이 되는 수면 보조제를 먹습니다.

<새벽기상 팁>

머리 맡에 인공눈물을 두고 잡니다. 알람이 울리면 인공눈물을 눈에 넣습니다. 침대 밖으로 나오기 편하게 바깥 부분에서 잡니다. 잠깸 오일 등을 이용하는 것도 방법입니다.

딱 1분만 생각하기

1. 오늘 당장 기록할 수 있는 도구가 있는가? 있다면 무엇인지, 없다면 무엇을 준비할지 떠올려보세요.

2. 지금 오후 9시 알람을 맞춰 보세요. 빠른 수면을 위한 환경을 세팅해 봐요.

3. 오늘 하루 중 '나만의 시간'으로 바꿀 수 있는 10분은 어디에 있을까요? 낮잠 시간, 아침 10분, 잠들기 전 10분… 단 10분만 확보해도 시간의 흐름이 달라집니다.

나다움을 찾는 기록법

본격적으로 독서와 기록을 한 시기는 코로나 시기였습니다. 아무도 만나지 못하고 집에 머무는 시간이 많아졌던 때였어요. 독서와 기록을 하면서 내면의 나와 자주 만나게 됐습니다. 소설 속 주인공을 보며 '나라면 저 상황에서 어떻게 대처했을까?'라고 질문하기도 하고, 일주일 전의 기록 속 나에게 '너 또 그렇게 일 미루지 마라' 하며 혼내기도 했습니다. 이런 시간이 쌓일수록 저는 저를 되돌아보게 됐습니다.

과거의 나는 타인의 시선에만 의존하며 살았다는 걸 깨달았습니다. 평가를 잘 받기 위해 나를 낮추기도 했고, 싫은 것도 좋은 척하며 사회적 통념에 나를 끼워 맞추며 살아왔던 거죠. '사람마다 살아온 환경과 가치관이 다른데, 꼭 통념대로 살아야 하는 걸까?' 하는 생각도 들었습니다. 그래서 내면의 나에게 계속 질문을 던졌고, 내 시선 그대로 세상을 당당하게 바라보고 싶다는 마음이 생겼습니다. 그러려면 더 배우고 공부해야겠다고 생각했고요.

워킹맘일 때는 공부 시간을 확보하려고 새벽 기상을 하며 독서와 기록을 했지만, 둘째 출산과 동시에 공부 루틴은 흐지부지되어 갔습니다. 그래도 나름 자기 계발에 발을 들여놨던 저는 육아휴직 후에도 배움의 의지를 계속 붙잡고 있었습니다. 하지만 '오늘도 공부를 못 했다'라는 자책감에 시달리며 괜히 아이들을 원망하기도 했어요.

"왜 이렇게 나만 찾는 거야…."

"애들만 아니었다면 독서도, 기록도 열심히 했을 텐데."

뒤처지는 느낌이 들었습니다. 일에서도 멀어진 상태였고, SNS 속 소위 '갓생' 사는 사람들의 피드를 보면 부럽기도 했습니다. '나도 시간만 허락되면 저렇게 할 수 있는데…'라며 스스로에게 핑계를 댔습니다. 나의 가치를 알아주는 사람이 없다는 생각에 자존감은 지하까지 내려갔고요. 가사·육아를 열심히 해도 그저 당연한 것으로 평가됐고, 보상도 없었습니다.

이것이 바로 산후 우울증 + 육아휴직 우울증의 시작이었어요. '내가 사라졌다'라는 생각에서 오는 심리적 불안이더라고요. 특히 육아휴직으로 인한 우울감은 3~9개월 차에 공통으로 경험한다고 해요. 사회적 역할 상실, 고립된 시간 구조, 성과 없는 루틴에서 오는 피로감, 여기에 경제적 압박까지 겹치면 정체성 혼란이 찾아오기 때문이라고 합니다. 물론 저도 겪었던 일이고요.

어느 날 문득 '나 지금 뭐 하나?'라는 생각이 스쳤습니다. 시간 관리를 위해 열심히 기록을 시작했지만, 나를 위한 기록보다는 그냥 현상을 적는 기록뿐이었습니다.

그런데 게임에서 퀘스트를 깨면 레벨업을 하듯, 기록에도 구조가 있더라고요. 꾸준히 쓰다 보면 다양한 기록법을 만나고, 그 형식을 따라가다 보면 어느새 제가 성장해 있었습니다. 그렇게 여러 기록법과 만나며 육아휴직에 큰 도움이 되었던 기록법 4가지를 소개합니다.

첫째, 모닝 페이지

매일 아침 눈 뜨자마자 생각나는 것을 아무렇게나 적는 기록법입니다. 책 『아티스트웨이』에 소개된 방법으로, 의식의 흐름대로 손으로 써 내려가며 마음을 비우고 창의성을 깨우는 글쓰기 습관이에요. 복잡했던 머리가 맑아졌고, 흘러가는 생각 속에서 해야 할 일들이 자연스럽게 드러나기도 했습니다. 눈 뜨자마자 펼친 노트에 전날 아이에게 미안했던 감정을 적고, 스스로 그 감정을 어루만져 주기도 했고, 오늘 아침은 뭐 해 먹이지? 하는 정말 머릿속에 맴도는 말도 안 되는 이야기들을 펜 끝으로 흘려보냈습니다. 그렇게 흘러나온 생각들은 실타래가 풀리듯 생각을 정리해 줬고 매일 아침 '말끔해진 나'를 만나게 해줬습니다.

둘째, 날것의 기록

육아휴직 동안 '회포를 풀 상대'는 거의 없었습니다. 매일 만나는 성인은 남편뿐이었고, 남편이 서운하게 하는 일은 말할 곳이 없었습니다. 나이가 들수록 타인 험담은 내 얼굴에 침 뱉는 일 같아 피하게 됐고, 부정적인 감정이 속에 쌓여 갔어요. 소리도 치고 싶고 욕도 하고 싶지만, 아이들이 곁에 있으니 그럴 수도 없었습니다.

그럴 때 썼던 것이 바로 날것의 기록입니다. 말 그대로 판도라의 상자 같은 기록이에요. 하고 싶은 말을 마구 적는 거죠. 욕도 쓰고 울분도 쓰고, 그냥 휘갈겨 쓰는 겁니다. 누가 보면 부끄럽겠지만, 쓰고 나면 속이 시원했습니다. 누가 볼까, 걱정되면 찢어버리면 그만입니다. 저는 그냥 책꽂이에 꽂아뒀고, 놀랍게도 아무도 관심을 두지 않아요. 집에서 누가 제 노트를 들여다보는 일은 거의 없었습니다. 멀리서 회포 풀 상대를 찾지 마세요. 책장에 꽂힌 노트가 여러분의 이야기를 가장 잘 들어주는 '굿 리스너'라는 사실을 기억하세요.

셋째, 긍정 확언

제가 군인이 된 건 사실 이 기록 덕분이었습니다. 장교 시험을 준비하던 시절, 책 『꿈꾸는 다락방』에서 "생생하게 꿈꾸면 이루어진다"라는 문장을 만났습니다. 그 방법의 하나가 '확언을 쓰고 읽는 것'이었어요. 저는 매일 확언을 쓰고 읽었고, 결국 장교가 되었습니다. 이후 바쁜 군 생활 속에서 확언을 잊고 살았지만, 독서를 다시 시작하며 깨달았습니다. 성공한 대부분의 사람이 긍정 확언을 꾸준히 하고 있었어요.

휴직 동안 삶을 돌아보며 '남은 생을 더 멋지게 살고 싶다'라는 생각이 강해졌고, 아이들도 잘 키우고 싶었습니다. 그래서 매일 확언을 적고 SNS에 공유했습니다. 때로는 이루어지지 않아 부끄럽기도 했지만, 긍정 확언은 사람들의 응원을 불러왔고, 무엇보다 저를 행동하게 하는 원동력이었습니다.

넷째, 자백일기

제 인생을 바꾼 기록법입니다. 제가 직접 만든 기록이고, 육아휴직 동안 바닥까지 떨어졌던 자존감을 '확!' 끌어올려 준 기록이에요. 매일 한 줄씩 적되, 한 달이 한 페이지에 보이도록 쓰는 것이 핵심입니다. 구조는 칭찬 일기와 비슷하지만, 한 단계 더 나아간 버전이에요. 자백일기는 단순히 "잘했어, 토닥토닥"으로 끝나지 않습니다. 기록 마지막에

'님 좀 짱인 듯', '대박', '육아 끝판왕'

이런 재치 있는 자백 키워드를 붙여 마무리합니다.

이게 두 번째 핵심입니다. 이 한 줄의 자백은 '따뜻한 위로'를 넘어 나를 하늘로 던져주는 헹가래 같은 효과를 냅니다. 자백일기를 쓰기 전에는 칭찬 일기를 썼지만, 결국 매일 나를 시원하게 들어 올리는 자백일기가 낮아진 자존감을 확실히 끌어올려 주었습니다. 매

일 쓸 땐 몰랐는데, 한 달이 꽉 찬 페이지를 보니 '나는 놀랄 만큼 멋진 사람이었구나'라는 걸 발견 했고요. 꾸준히 무언가를 해낸 사람의 증명서 같았습니다.

자백일기의 목적은 자기비판이 아닌 자기 인정의 습관, 작지만, 소중한 성취를 통해 자존감을 회복하는 것입니다. 그렇게 매일 자백하다 보니 완벽하지 않아도 괜찮아졌고, 삶을 더 유연하게 바라보는 사람이 되어 있었습니다.

위 4가지 기록법은 육아휴직으로 낮아진 자존감을 회복하는 데 큰 힘이 되었습니다. 제가 좋아하는 말 중 하나는 '수신제가치국평천하(修身齊家治國平天下)'가 있습니다. 유교 경전 『대학』에 등장하는 이 문장은 '나를 잘 다스리는 것이 모든 일의 시작'이라는 뜻입니다.

결국 나를 잘 다스린다는 것은 자존감을 관리하는 일에서 시작되더라고요. 나다움을 찾기 위한 기록법으로 높아진 자존감은 육아도, 가정도 잘 지킬 수 있는 힘이 되어줬습니다. 그리고 복직 후에도 '나는 잘 해낼 것이다'라는 믿음을 갖게 했습니다.

기록은 거창할 필요가 없습니다. 다만 꾸준히, 나답게 하는 것이 중요합니다. 꾸준한 기록을 통해 '나다움'이 무엇인지 알게 됐고, 그것을 기준으로, 앞으로의 방향도 그릴 수 있었습니다. 기록은 육아휴직 동안 떨어졌던 자존감을 회복하고자 했던 치열한 노력이었어요. 엄마라는 타이틀이 붙는 순간 '이제 나는 없구나'라고 느꼈던 때도 있었지만, 꾸준히 써 내려간 기록은 '나는 어떤 사람인가'를 증명해주었습니다. 결국 그 기록들이 다시 나다운 나로 돌아오게 해주었고요. 엄마 안원지에서 인간 안원지로 탈바꿈하게 해주었습니다.

딱 1분만 생각하기

1. 소개한 4가지 기록법 중 해보고 싶은 기록법은?

→ 예) 모닝 페이지 / 날 것의 기록 / 긍정 확언 / 자뻑일기

2. 나를 다시 일으켜줄 나만의 확언 한 문장 지금 바로 써보기.

→ 예) 나는 아이를 바르게 성장시키는 엄마(아빠)다.

3. 오늘 내 행동 중 자뻑일기에 기록할 일 적어보기.

→ 예) 오늘 독서 30분 했다. 육아와 독서까지 하는 나는야 슈퍼우먼

나를 키우는 관계들

결혼으로 인간관계가 정해진다는 말이 있죠. 저 역시 결혼을 통해 새로운 인간관계의 울타리를 형성했습니다. 그런데 육아휴직을 하면서 또 한 번의 전환점을 맞이했습니다. 조직에서 멀어지고, 저를 직급으로 부르던 사람들이 사라졌습니다. 그 빈자리에 남은 건 나를 있는 그대로 봐주는 사람들, 그리고 나 자신뿐이었어요. 그 안에서 저는 다시 관계를 재설계했습니다.

다양한 호칭이 제 앞에 붙었습니다. '엄마', '아내', '며느리'. 따뜻했지만 묵직한 책임이 밀려왔어요. 때로는 그 무게가 벅차서, 차라리 직급으로만 불리던 시기가 그리워질 정도였고요.

하지만 육아휴직자라는 위치는 나를 가정의 중심에 세워두었습니다. 집안의 대소사를 하나하나 챙기며 자연스럽게 관계의 중간 관리자 역할을 하게 되었고, 남편과의 관계는 '협업'으로 재정의됐습니다. 예전에는 서로 일터 이야기를 나누던 사이였다면, 지금은 '육아'라는 프로젝트의 동료가 된 셈이었죠. 때로는 의견이 충돌하기도 했지만, 그 과정에서 서로의 방식과 속도를 습득했습니다. 함께 아이를 키우면서 우리는 부부이자 팀이 되어가고 있었어요.

아이와의 관계도 중요했습니다. 아이를 키우기만 하면 된다고 생각했는데 그건 오산이었어요. 아이는 저를 따라 하는 거울이었습니다. 행동과 감정을 그대로 비췄고, 제가 웃으면 아이도 웃고 제가 울면 아이도 울었습니다. 제 하루 컨디션이 아이의 하루가 되더라고요. '나를 다스리는 것이 진짜 육아구나'를 깨달았고, 아이와의 관계도 그때부터 더 원만해졌습니다.

아이들은 감정을 기가 막히게 캐치하는거 아세요? 특히 부정적 감정은 더요. 제가 지쳐 있거나 화가 나 있으면 "엄마 왜 그래?", "엄마 괜찮아?"하며 다가왔어요. 어떤 날은 다가오는 아이의 말에 왈칵 눈물이 쏟아지기도 했고요. 그게 자신들 때문인지, 다른 사람 때문인지 아이들은 중요하지 않았어요. 그저 제 감정을 읽어주었습니다. 그 단순한 물음들이 아이들과의 관계를 더 끈끈하게 만들어 주었어요. 완벽한 엄마보다는 실수해도 괜찮은 엄마가 되기로 했습니다. 잘 키우는 것보다 함께 자라기로 마음먹었어요.

부모가 되어보니 부모님의 마음을 조금이나마 느낄 수 있었어요. 그래서 더 잘하고 싶어졌고요. 당장 할 수 있는 일은 자주 연락드리고 안부를 묻는 일이었어요. 아이들 사진을 보내는 것은 물론이고 주 2회 이상 영상통화를 했습니다. 기회가 되면 아이들과 직접 찾아가 함께 시간을 보냈습니다. 손주 보는 낙에 사는 부모님께 제가 할 수 있는 최고의 효도더라고요. 엄마가 되고 나니 부모님에 대한 존경심은 더욱 깊어졌어요. 누군가를 존경한다는 건 그들의 삶을 닮고 싶고 잘 보이고 싶은 마음이 생긴다는 뜻이더라고요. 예전엔 어리광도 부리고 철없이 굴었지만, 이제는 그분들의 하루를 챙기며 살아가고 싶어졌습니다.

육아휴직 동안 부모님과의 관계는 '효도'에서 '공감'으로 바뀌었어요. 부모가 되어 제가 느끼는 기쁨과 보람, 고단함을 조금이나마 이해하면서, 부모와 자식의 관계가 '부모라는 공감대'로 확장되었습니다.

지인들과의 관계도 변화했어요. 비슷한 시기에 출산하다 보니 육아라는 공통점이 우리를 더 가깝게 만들어줬습니다. 학창 시절 친구, 여군 동기들, 기록 커뮤니티에서 만난 인연까지 육아라는 단어가 주는 결속력은 대단하더라고요. 서로 고충을 나누고 보듬으면서 여러 갈래의 실이 꼬여 하나의 밧줄이 된 것처럼 튼튼하고 질겼어요. 휴직 동안 동년배 육아인 들과의 소통은 큰 힘이 됐습니다. 각자 바쁜 삶을 살고 있기에 자주 연락하진 못했지만, 종종 안부를 물었고, 톡방에 물꼬가 트이면 서로의 육아 일상을 길게 풀어놓았습니다. 이야기가 불붙으면 모임 날짜도 잡았기도 하고요. 나를 잘 알고 가장 격하게 응원해 줄 사람들을 만나는 날이 다가오면 첫 데이트처럼 설렜습니다. 뭘 입고 갈까, 어디서 뭘 먹을까 하며 호들갑도 떨기도 하고요. 그렇게 만나면 육아 정보도 나누고, 각자의 육아 방식에

감탄하며 서로에게 아낌없는 응원을 보냈습니다. 워킹맘, 전업맘, 예비맘… 육아 이야기는 끝이 없고, 저는 육아휴직을 고민하는 지인들에게 조언을 건넬 수도 있었어요. 자주 만나지 못하더라도 주기적으로 지인들을 만나는 건 꼭 필요한 일이에요.

직장 동료들과의 관계도 계속 이어 나가야 합니다. 휴직했다고 회사와 완전히 단절할 수는 없습니다. 어린이집 등록, 정부 지원 혜택을 위한 재직·휴직 증명서 등 서류가 필요할 때면 동료들의 도움이 필요했어요. 오랜만에 동료들을 만나면 음료를 사 들고 감사함을 표현했습니다. "잘 지냈어?"라는 말 한마디와 직장 변화에 대한 작은 귀띔만으로도 복직에 대한 불안이 크게 줄어들더라고요. 그들이 저를 잊지 않고 기억해 주는 것만으로도 고마웠습니다. 그 감사함에 제가 보답할 방법은 하나였습니다. 육아휴직을 잘 마무리하고, 복직 후에도 흔들리지 않는 멘탈과 체력을 가진 워킹맘이 되는 것. 그래서 저는 육아휴직 동안 많은 준비가 필요하다는 결론에 도달했어요.

육아휴직은 조직과의 단절처럼 보이지만, 실제로는 다양한 관계를 다시 정비하고 확장하는 시간이더라고요. 역할로 맺어진 관계는 이해로 바뀌었고, 거리로 멀어진 관계는 진심으로 다시 이어졌습니다. 결국 나를 키운 것은 주변 사람들의 온기더라고요. 그 온기를 느끼기 위해 저는 적극적으로 관계를 이어갔습니다. 그렇게 새로 맺은 관계와 오래된 관계가 어우러지며 더 나아진 나를 만들어주었습니다.

딱 1분만 생각하기

1. 지금 내 주변 관계 중 '지금의 나'를 가장 편안하게 받아주는 사람은 누구인가?

2. 새롭게 강화하거나 회복하고 싶은 관계는 무엇인가?

3. 지금의 나에게 필요하지만 미뤄두고 있는 관계는 무엇일까? 그 관계에 오늘 내가 할 수 있는 첫 행동은 무엇일까?

꾸미고 삽시다. 꾸미세요

육아하다 보면 외출할 일이 거의 없죠. 아이를 어린이집에 데려다 주고 놀이터에 데려가는 게 하루 일정의 전부인 날도 있습니다. 아이를 기관에 보내지 않는다면 종일 집에만 있는 일도 흔하고요. 그러다 보니 자연스럽게 집에서는 늘 편한 옷차림을 하게 됩니다.

저도 일주일 내내 잠옷만 입고 지낸 적이 있어요. 아이가 기관에 다니기 시작하면 아침에 정신없이 등원 준비를 하게 돼요. 그러다 보면 아이만 예쁘게 입히고, 저는 잠옷 위에 집업 점퍼 하나 툭 걸치고 머리엔 캡 모자를 눌러쓴 채 외출할 때가 많았습니다. 그런데 그런 날들이 하루, 이틀, 일주일 넘게 이어지면서 어느 순간 편안함에 익숙해진 제가 조금씩 나태해지더라고요.

한날은 아이를 등원시키고 집에 들어와 신발장에 있는 전신 거울을 보게 됐어요. 펑퍼짐한 옷태, 질끈 하나로 묶은 머리에 푹 눌러쓴 캡 모자, 맨발에 질질 끌고 있는 슬리퍼, 푸석한 피부 거기에 생기 없는 입술 색까지 거울 속 제 모습이 아주 초라해 보이더라고요.

자! 지금부터 자기 외모 돌봄 체크를 해볼게요.

아래 체크리스트의 각 항목에 몇 개나 해당하는지 체크해 보세요.

☐ 머리를 안 감은 지 2일 이상 지났다.

☐ 샤워를 안 한 지 2일 이상 지났다.

☐ 거울 속 나를 보고 초라하다는 생각을 한 적이 있다.

☐ 지금 입고 있는 옷이 잠옷 또는 실내복이다.

☐ 얼굴에 아무것도 바르지 않은 상태다.

☐ 육아휴직 전을 기준으로 몸무게가 3kg 이상 늘었다.

☐ 외출할 때 모자를 자주 쓴다.

☐ 액세서리를 거의 하지 않는다.

☐ 최근 6개월 동안 네일 · 페디큐어 · 헤어 변화가 없었다.

☐ 화장품 · 옷 · 신발 등 구매는 사치로 느껴진다.

☐ 결혼식이나 모임에 입고 갈 옷이 없어 고민한 적이 있다.

☐ 옷을 살 때 고무줄 바지나 루즈핏 위주로 고른다.

☐ 무조건 편하게 입어야 한다고 생각한다.

☐ 부모가 되고 난 이후 꾸미는 시간은 포기했다.

어떠세요?

저는 육아휴직 초반의 저를 생각하며 체크해 봤어요. 결과는 모든 항목에 체크했습니다. 왜 모든 항목에 체크했냐고요? 사실 이 리스트는 신뢰할 만한 기관에서 만든 공식 설문이 아니라, 제가 육아휴직을 하며 겪고 느낀 것을 적은 리스트거든요. 아마 많은 분이 비슷할 거라 생각해요. 육아맘 지인들과 나눈 대화들, 그들이 보여주는 모습만 봐도 충분히 엄마들이 느끼는 것들이었어요. 외모 돌봄에 대한 변화를 '엄마가 되면 당연한 것'처럼 여기고 지내고 있었어요. 저도 그렇고 대부분의 엄마가 그렇게 지내고 있습니다.

그런데 세상에는 육아도 하면서 자신의 외모도 돌보는 분들이 있잖아요. 그런 분들을 보면 왜 그렇게 멋져 보이는지, 그때 조금 알겠더라고요. 아마 저는 '육아는 너무 힘들어'라고 스스로에게 말하며 제 모습을 뒤로 미뤄두고 있었는지도 모르겠습니다.

제가 적긴 했지만 다시 한번 리스트를 쭉 읽어봤어요. 끝까지 읽고 나니, 엄마가 되기 전의 반짝반짝하던 때가 떠올랐습니다. 이걸 하나씩 반대로 해보면, 지금의 나도 조금은 밝아질 수 있지 않을까 싶었어요. 아이가 밝게 자라길 바라기만 할 게 아니라, 나도 함께 밝아져야 한다는 생각에 도달했어요.

실제로 우울감이 쌓이면 외모 불만족이나 자기 돌봄 소홀함이 따라온다고 해요. 그 말은 곧, 지금 우리가 자기 돌봄을 놓치면 우울감도 높아질 수 있다는 얘기겠죠. 저는 우울한 엄마가 되고 싶지 않았습니다. 건강한 사고와 밝은 에너지를 가진 사람이 되고 싶었습니다. 그래서 조용히, 하지만 꾸준하게 저를 꾸미기 시작했어요.

저는 군인이다 보니 출퇴근에는 군복이나 운동복을 자주 입었어요. 제가 가진 옷들 대부분은 운동복이었습니다. 그나마 외출복으로 입을 만한 건 니트나 청바지 몇 벌뿐이었고요. 어느 날 문득, 이제는 깔끔하게 신경 써서 입어보자라는 생각이 들었어요.

저는 평소 직장인 룩을 동경했던 터라 슬랙스와 금장 버클이 있는 벨트도 하나 장만했습니다. 택배를 받자마자 입어 보는데, 웬걸요. 벨트의 제일 끝 구멍에도 들어가지 않는 겁니다. 대한민국 평균 체형이라고만 생각했던 저는 순간 멍해졌어요. 소위 말하는 현타가 왔습니다. 그동안 벨트를 사면서 구멍 위치나 길이를 확인해 본 적이 없는데, 대한민국 평균 체형이라 생각했던 저는 그날 꽤나 큰 충격을 받았습니다. '이 벨트 꼭 차리라!' 하고 다짐했습니다. 이 벨트를 사지 않았더라면 다이어트도 큰 자극을 받지 못했을 겁니다. 꾸미자 다짐했고 큰맘 먹고 꾸밈비를 지출했는데 허리둘레에 놀라 나를 지켜야겠다! 하는 마음까지 들게 된 거예요. 그때 깨달았어요. 꾸민다는 건 단순히 예뻐 보이려는 게 아니라, 흐트러진 나를 다시 내 중심으로 데려오는 일이더라고요.

너무 충격받은 나머지 남편에게 벨트 이슈를 이야기했어요. 남편도 속상해하더라고요. 대화하다 머리 스타일도 안 바꾼 지 참 오래됐다고 얘기했더니, 기분 전환을 해보라며 오히려 응원해 줬습니다. 휴직자에게 무슨 꾸밈비냐…. 하던 저에게 남편은 모아둔 비상금을 줬습니다. 업무 할 때는 하지 못했던 염색도 하고 파마도 했습니다. (군인은 외모 규정이 정해져 있습니다.) 네일숍 비용은 망설여져 젤네일 스티커로 대신했어요.

그렇게 평소 트레이닝복만 입고 다니던 제가 조금 꾸민 룩으로 아이 등원 한 날이었어요. 별다른 약속도 없던 날이었는데, 어린이집 선생님과 동네 엄마들이 이렇게 말해주더라고요.

"어디 가세요? 너무 예쁘세요!"

사실 대단하게 꾸민 것도 아니었어요. 복장, 헤어스타일, 선크림을 발라 피부 톤이 조금 밝아진 것뿐이었습니다. 평소보다 조금 치장했을 뿐인데, 약속 있는 사람처럼 보였던 거죠. 아이도 "엄마 예뻐!"라고 말하며 눈이 반짝였습니다. 매일 후줄근한 엄마만 보다가 작은 변화에 아이도 많이 놀란 눈치였습니다.

"우리 엄마 공주 같아!"

아이가 연신 공주같다고 말하는데 부끄럽기까지 했습니다. 매일 아침 실내복을 벗고 옷을 갈아입는 작은 행위가 저에게는 나를 사랑하는 의식이었습니다. 아이를 꾸미는 일에는 아낌이 없으면서 정작 나를 꾸미는 일에는 인색했던 지난날의 제가 미안해지기까지 했습니다.

매일 아침 실내복을 벗고 옷을 갈아입는 그 작은 행동이 저에게는 나를 사랑하는 의식처럼 느껴졌어요. 아이를 꾸미는 데엔 아낌이 없으면서 정작 나 자신에게는 인색했던 지난날의 제가 떠올라 조금 미안해지기도 했고요.

이후 외적 자기 돌봄에도 꾸준히 신경을 썼습니다. 타인의 시선을 의식해서라기보다, 그렇게 하면 제 기분이 좋아졌기 때문이에요. 외출할 때는 아이와 코디 톤을 맞추려 노력했습니다. 아이들은 깔끔한 외출복으로 쫙 빼입었는데, 엄마만 운동복에 모자를 푹 눌러쓴 모습보다 가족이 전체적으로 균형 있게 보일 때가 이쁘잖아요. 괜스레 자존감도 높아지는 느낌이었어요. 평소 나를 가꾸는 일을 게을리하지 않아야 갑작스러운 자리에서도 당황하지 않을 수 있었습니다. 그래서 결혼식, 학부모 상담, 모임 등에 입고 갈 수 있는 옷을 3세트 준비했습니다. 급하게 옷을 사면 지출도 커지더라고요. 이를 준비하는 과정 자체가 나를 존중하는 일이었어요.

출산을 겪으면 누구나 외모 자신감이 떨어집니다. 몸무게는 비슷하게 빠졌는데 옷태는 달라져 있고, 피부는 푸석해지며, 머리는 빠지거나 상해 있습니다. 외출한다고 아이를 준비시키고 나면 나를 준비할 시간은 없고요. 결국 캡 모자 하나 눌러쓰고 나가는 일이 허다하잖아요. 출산 전엔 파운데이션, 마스카라, 아이라인, 눈썹 정리까지 깔끔하게 하고 다녔는데 지금은 '화장이 뭐죠?'라는 말이 나올 정도잖아요. 선크림이라도 바르면 양반인 셈이죠.

오랜만에 친구를 만났는데 친구가 속눈썹 펌을 하고 온 거예요. 얼굴이 훨씬 생기 있어 보이더라고요. 그 모습을 보고 저도 속눈썹 펌을 해보기로 했습니다. 결과는 대성공이었습니다. 바짝 올라간 속눈썹이 제 자존감도 함께 끌어올려 줬어요. 톤 업 선크림 하나만 발라도 화장한 것처럼 보이더라고요. 속눈썹 펌 이후 화장은 피부 톤 정리만 해도 달라보였어요. 꾸밈 시간도 확 줄어 아이와의 외출이 훨씬 수월해졌습니다. 만나는 사람마다 "살 빠졌어요?", "눈이 너무 예뻐요."라는 말을 해줬습니다. 사람들이 제게 건넨 것은 단순히 외모 칭찬이 아니라 육아 중에도 나를 잘 돌보는 사람이라고 인정해 주는 것 처럼 느껴졌어요.

꽃집 사장의 브이로그를 본 적이 있어요. 꽃시장에서 꽃을 사는데, 꽃시장에 통에 놓여있는 즐비한 꽃들이 너무 아름다웠어요. 신문지에 싸여 있어도 이쁘더라고요. 원래 꽃은 자체만으로도 이쁘잖아요. 신문지에 싼 꽃을 본인의 가게로 가져가서 잔가시와 시든 잎을 제거하고 줄기를 다듬더라고요. 이후에는 꽃과 어울리는 포장지와 리본을 더해 꽃다발이 완성됐어요. 사장의 센스와 포장이 더해져 꽃 자체만 봤을 때보다 더 아름다워졌어요. 그 꽃을 주는 사람도, 받는 사람도 기분이 좋아지겠더라고요. 그 장면을 보다가 문득 이런 생각이 들었습니다.

나는 꽃처럼 아름다운 존재이다. 그리고 그런 나를 조화롭게 가꾸는 일은 사치가 아니다.

오히려 본연의 아름다움을 극대화하고, 스스로의 가치를 높이며, 나를 바라보는 사람까지도 기분 좋게 만드는 일이다.

그리고 여기서 더 큰 깨달음이 이어졌어요.

아이 역시 그런 나를 보며 자란다.

엄마가 자신을 소홀히 대하는 모습보다, 자기 자신을 아끼고 돌보는 모습을 보는 것이 아이에게 더 건강한 메시지가 되겠더라고요. '나도 이렇게 내 삶을 사랑할 수 있는 사람이어야겠구나' 하고 말이죠. 내 아이를 사랑하듯, 나도 사랑해 줍시다. 오늘은 나를 위해 캡 모자를 벗고, 단정한 옷을 꺼내 입어보는 건 어떨까요? 엄마가 스스로를 돌보는 모습은 결국 아이에게도 '나도 깨끗하게 씻고 가꾸고 지내야 하는구나'라는 배움이 될 겁니다. 나를 가꾸는 행위는 아이를 가꾸는 일과 자연스럽게 연결되어 있다는 사실을 잊지 마세요.

딱 1분만 생각하기

1. 지금 나의 복장 살펴보기 (실내복, 잠옷, 외출복 등)

2. 당장 바꿀 수 있는 '후줄근 루틴' 하나는 뭐예요?

3. 나를 위해 해보고 싶은 '작은 꾸밈' 하나 적어보기.

→ 속눈썹 펌, 머리 스타일, 톤업 선크림, 귀걸이·목걸이 하나 등

마음도 돌봐주세요

외적인 부분을 돌봤다면, 이제 내적인 부분도 돌봐야겠죠?. 앞서 마음을 지키는 방법으로 '기록'을 소개했지만, 기록만으로 해결되지 않는 부분도 분명 있습니다. 이번 챕터에서는 기록 이외의 방법으로 마음 챙김 하는 방법을 알려드리려고 합니다.

장기간의 휴직으로 사회적 관계가 단절되면 정도의 차이는 있겠지만 우울감이 따라와요. 육아 카페엔 '제가 왜 이럴까요?'라는 글이 왕왕 등장하고, 위로의 댓글이 달리긴 하지만, 글쓴이의 마음은 쉽게 나아지지 않습니다. 어떤 분은 '자꾸 술을 찾게 돼요.'라며 건강하지 않은 방법으로 달래기도 합니다.

내 취향을 찾는 취미

이럴 때 도움이 되는 것은 '좋아하는 일'을 찾는 것입니다. 취미 말입니다. 기록, 독서, 운동도 취미 중 하나지만 이것 이외에 할 수 있는 취미를 해보는 겁니다. 제가 휴직하는 동안 했던 취미를 소개해 볼게요.

저는 영화 보는 걸 좋아했어요. 대학생 땐 영화관에서 3년 넘게 아르바이트를 했을 정도로 영화관에서 영화보는 것을 좋아했습니다. 그런 제가 출산 후 영화관에 가본 건 손에 꼽을 정도였고, 가게 되더라도 어린이 영화를 보는 게 전부였습니다.

이대론 안 되겠다.

혼자 영화관에 갔습니다. 사라진 줄 알았던 영화 감상 세포가 살아 숨쉬기 시작했어요. 영화를 보는 행위는 오랜만에 내 취향을 되살리는 느낌이었습니다. 이후 문화생활의 영역을 조금씩 확장해서 미술관, 전시회를 찾았고 관심 있던 주제의 박람회도 다녀왔습니다. 그곳에서 마주한 색감, 사람들의 분주한 모습은 내 안의 감각을 깨우기에 충분했고, 이 감각은 육아에도 긍정적인 영향을 끼쳤습니다. 아이 중심으로 흘러가던 하루에서 벗어나 오롯이 나가 좋아하는 것을 하는 시간은 생각보다 큰 회복을 주더라고요.

휴직 중 새롭게 생긴 취미가 있는데요, 바로 뜨개질입니다. 아이 어린이집의 부모 동아리 활동에서 배우게 됐어요. 우연찮게 접한 뜨개질이 이렇게 재밌을 줄이야! 실을 한 올 한 올 걸고 한 코씩 뜨는 과정이 처음에는 복잡하고 어려웠지만 어느새 무언기가 완성돼 있었습니다. 가방, 아이 모자, 네잎클로버 키링, 북 커버 등 소소하게 무언가를 만들어갔습니다. 작품이 완성되는 순간 성취감이 크게 다가왔어요. 실타래가 점점 풀리며 형태가 잡히는 과정은 엉켜 있는 생각들이 풀리는 느낌이었습니다. 실이 풀려가면서 완성되는 과정은 답답하거나 복잡한 생각을 정리해 주는 일이더라고요.

우연찮은 기회로 시작한 뜨개질은 하면 할수록 머리가 비워지는 느낌이 들었습니다. 그래서 더 좋아졌어요. 뜨개질의 장점은 시간과 장소의 제약이 적다는 것입니다. 독서, 기록은 집중이 필요하지만, 뜨개질은 이동 중에도 할 수 있는 취미예요. 장거리 운전할 때 조수석에 앉으면 실을 잡고 무언가를 만들었습니다. 남편도 조수석에서 뜨개질하는 저를 좋아했습니다. "같이 이야기하면서 가니까 졸리지도 않고 좋다"고 하더라고요. 요즘은 유튜브에 초보자를 위한 강의도 많아서 누구나 쉽게 뜨개질을 시작할 수 있습니다. 저는 지금 엄마표 핸드메이드 옷을 뜨는 것이 목표예요.

'제가 뭘 좋아하는지 모르겠어요.'라고 느끼는 분도 계실 겁니다. 그럼 내가 어떤 것을 했을 때 기분이 좋았는지 적어나가 보세요. 여행, 콘서트, 악기 연주, 그림 그리기 등 다양한 분야가 나올 수도 있고 하나의 분야로 좁혀질 수도 있겠죠. 그중에서 비용, 장소, 시간의 제약이 크지 않은 일을 찾아보는 겁니다. '내가 뭘 좋아했었지?'라는 질문을 계속 품고 살펴보는 거예요. 정말 모르겠다면 다이소에 가서 컬러링 북이나 DIY 명화 그리기를 사서 그려보세요. 5,000원 이내로 할 수 있는, 마음을 다스려주는 취미입니다. 여러분의 취미를 찾아보세요. 취미를 즐기고 취향을 잃지 않으셨으면 좋겠습니다.

마음 챙김, 혼자서는 버겁다면

기록을 열심히 하긴 했지만, 받아치는 메아리 없이 내 이야기만 쏟아내는 기록으로 마음을 치유받는 데는 한계가 있었습니다. 내가 잘하고 있는지 궁금했고, 위로의 말을 받고 싶은 순간들이 찾아왔어요. 친정엄마, 남편, 친구들에게는 할 수 없는 이야기들을 누군가와 나누고 싶었습니다.

마음이 많이 아프다는 것을 느꼈고 전문 상담을 찾아가야겠다는 생각이 들었습니다. 하지만 비용이 부담스러웠습니다. 1회 기당 저렴하면 5만 원, 비싸면 10만 원이 넘어갔고, 1회로 끝나는 것이 아니라 적어도 3회 이상 받아야 한다는 설명에 선뜻 신청할 수 없었습니다. 그러다 남편 회사 복지 중에 정서 상담 복지가 있다는 걸 알게 됐어요. 마침, 둘째가 태어나고 첫째가 과격해지고 감정 조절을 어려워하고 있었어요. 정서적 문제가 없는지, 잘 발달하고 있는지 확인차 상담을 신청했습니다. 그때 부모도 병행 상담을 진행하게 됐고요. 오랜 시간은 아니었지만 전문 상담사님께 이야기들을 털어놓으며 눈물도 쏙! 빼는 과정을 겪었습니다. 눈물을 마구 쏟게 돼 부끄럽기도 했지만, 역시 전문가는 다르더라고요. 차분하게 이야기를 들어주시고 저를 보듬어주셨습니다. "충분히 잘하고 있다", "좋은 엄마가 되고 싶어서 그런 거다", "내려놓으셔도 된다"라는 말을 듣는

데 엄청난 치유가 되었습니다. 그날 이후 '나는 충분히 좋은 엄마다'라는 생각을 갖게 됐고, 휴직 중 느꼈던 다양한 부담도 사라졌어요. 누군가가 나를 평가하지 않고 있는 그대로 이해해 주는 시간은 정말 오랜만에 느끼는 감정이었고요.

그 경험을 지나고 나니, 상담이 왜 필요한지 조금씩 이해가 되더라고요. 상담을 통한 위로는 내면을 튼튼하게 만드는 데 큰 도움이 됐습니다. 상담받기 전에는 제 마음 건강에 문제가 없다고 생각했어요. 그런데 아니었습니다. 나도 모르는 불안감, 두려움, 답답함이 마음 깊이 숨어 있다가 기회를 틈타 튀어나온 느낌이었어요. 기회가 된다면 부모 상담을 받아보시길 추천해 드립니다. 과거와는 다르게 상담에 대한 인식이 크게 개선되었어요. 주변에 심리 상담센터도 많습니다. 특히 지역 내 육아종합지원센터 등을 활용하면 아주 저렴한 비용으로 부모 상담을 받을 수 있습니다. 전 국민 마음 투자 지원사업, 국립정신건강센터, 정신건강복지센터에서도 관련 사업이 많습니다. 거주지 관할 보건소에서도 정신건강 상담 및 교육 프로그램을 운영하고 있어 일부 혹은 전액 지원을 받을 수 있더라고요.

상담을 통해 위로받으며 자기 인식이 깊어지다 보니, 마음에도 구조가 필요하다는 걸 알게 됐어요. 살면서 외부 충격을 완전히 피할 순 없지만, 다시 제자리로 돌아올 힘이 있으면 훨씬 덜 흔들리더라고요. 그래서 저는 제 마음에도 일종의 내진설계를 갖추고자 노력했어요.

흔들릴 수는 있지만, 무너지지 않는 사람.

아이 앞에서 언제나 든든하게 서 있을 수 있는 사람.

그것이 부모 역할에서 가장 필요한 자질이라고 생각했습니다.

육아휴직은 나를 돌보고 마음을 정비할 수 있는 소중한 시간이었어요. 이 기간을 단순한 '휴식기'로 보내지 말고, 내면을 튼튼히 다지는 기회로 삼아보세요. 지금의 정비가 앞으로 부모로서 마주하게 될 수많은 풍파 속에서도 쉽게 흔들리지 않는 나를 만들어 줄 거예요.

다잉 꿀팁

문화비 할인 받는 법 : 통신사·자주 쓰는 카드 할인 활용하기, 지자체 할인혜택(경기도의 경우 경기컬쳐 페스 이용하기), 다자녀 할인 혜택 확인하기, 지역문화재단 홈페이지·카카오 채널 활용해서 지역내 무료·할인 전시 이용하기, 군인할인 적극 이용하기, 매달 마지막 수요일 '문화가 있는 날' 이용하기

딱 1분만 생각하기

1. 과거에 내가 좋아했던 일 5가지 적어보기

2. 오늘 딱 30분을 나에게 준다면, 무엇을 하고 싶을까?

3. 전문 상담을 받고 싶은 마음이 있나요?

잘 쉬었기에 더 잘할 수 있습니다.
우리, 걱정보다 기대를 품고 다시 시작해 봐요.
충분히 잘해왔고, 앞으로는 더 잘할 거예요.
이미 견고해진 당신의 앞날을 진심으로 응원합니다.

직장으로의 복귀,
그리고 그 이후

복직이 다가왔다.

육아휴직 후 조직으로 돌아가는 것은 두려움이 앞섭니다. 복직 날짜가 다가올수록 '휴직을 연장할 걸 그랬나?', '잘할 수 있을까?' 하는 마음이 커지죠. 또 한편으론 돌아갈 곳이 있다는 것만으로 감사한 마음이 밀려오기도 합니다. 잠시 비웠던 자리에 다시 돌아갈 수 있다는 것, 제 이름표가 붙어있는 자리가 있다는 게 참 다행스러운 일입니다. 이 복잡한 감정을 안고 현실적인 준비를 하나씩 해나가면 두려움은 점점 작아지고 자신감이 살아날 거예요.

복직 후 아이 돌봄 체계 점검

복직을 준비하면서 가장 먼저 해야 할 것은 아이 돌봄 체계 점검입니다. 어린이집(유치원) 신청은 가능한 빨리 해두는 것이 좋아요. 출산 인구가 줄었다고는 하지만 입소 경쟁은 여전히 치열합니다. 일부 지역은 아이 출생신고와 동시에 입소 신청을 해야 할 정도라고 해요. 입소 순위에 신청한 기간도 영향을 끼치기 때문이에요. 따라서 늦어도 복직 6개월 전에는 기관 신청을 마쳐야 합니다.

기관 신청을 해두었다면 복직이 임박해서는 사전에 신청해 둔 내용이 잘 반영되어 있는지 재확인이 필요합니다. 입소 관련 서류가 최신인지, 준비물은 무엇인지 꼼꼼히 확인해야 합니다. 정기 입소(매년 3월)라면 사전 OT나 상담 일정 여부도 확인합니다. 자녀의 기관 입소가 처음이라면 적응 기간이 얼마나 필요한지도 체크해 복직 일정과 조율해야 합니다.

맞벌이의 가장 힘든 순간은 아이가 아플 때입니다. 전염병에 걸리면 등원이 불가하고 고열로 입원하는 상황도 발생합니다. 이런 상황을 대비해 부모 외 양육자를 미리 구해두는 것이 중요합니다. 조부모님, 삼촌, 이모 등 직계가족에게 사전 협조를 구해두세요. 조부모님이 가장 든든한 대상이지만 여의치 않다면 정부 지원 돌봄 서비스(정기·긴급 돌봄)를 신청해 두는 것도 방법입니다. 신청은 정부24 홈페이지와 행정복지센터를 통해서 신청할 수 있습니다. 신청 시 가구 수 · 소득 기준에 따라 등급이 부여되고, 등급에 따라 비용이 달라집니다. 검증 기간이 있으므로 늦어도 복직 3개월 전에는 신청해 두는 것을 추천합니다. 이마저도 제한이 된다면 민간 돌봄 플랫폼(맘시터, 자란다, 째깍악어 등)도 활용할 수 있습니다.

복직 일정 재점검

육아휴직 기간은 아이의 출산 시점에 따라 정해지지만, 복직일은 조금 더 디테일하게 생각해 볼 필요가 있어요. 직장 생활의 가장 직접적인 목적은 급여잖아요. 그럼, 그 급여에 복직 일자 하루이틀 때문에 받거나 못 받거나 하게 된다면? 복직 일정은 꼼꼼하게 살펴봐야 할 부분입니다.

기본 월급 외에도 각종 수당이 있고, 수당마다 지급 조건이 달라요. 이 지급 조건은 조직마다 상이할 수 있습니다. 대부분의 조직에서 지급되는 수당의 예시입니다.

- 성과상여금 : 직전 연도 실적 기준, 일정 기간 이상 근무한 자에게 지급 (보통 3개월 이상)
- 명절 수당 : 설 · 추석 기준 재직자에게 지급.

즉, 복직 시점을 정할 때 평가 기간이나 명절 등을 체크하지 않고 복직한다면 며칠 차이로 한 회차의 보너스를 못 받을 수도 있다는 뜻입니다. 실제로 동료 중 하루만 일찍 복귀했어도 수당 대상자가 될 수 있었던 사례도 있습니다.

또 복직 전 꼭 확인해야 할 것이 휴직 기간입니다. 회사가 인지한 휴직 기간과 내가 알고 있는 기간이 다를 가능성이 있습니다. 전산 입력 과정에서 오타나 누락이 생길 수 있기 때문이죠. 개인 기록도 체크해야 합니다. 예를 들어 군인의 경우 성인지 교육, 체력 측정,

건강검진은 개인 자력에 중요한 요소입니다. 성인지 교육은 휴직자도 매년 수료해야 하고, 건강검진 기록도 필요합니다. 체력 측정은 보류 대상자로 반영되어 있는지 매년 확인해야 합니다. 휴직 중이라도 개인 인사 기록은 주기적으로 확인해야 합니다. 휴직했다고 모든 관리에서 제외되는 것이 아니니까요. 특히 진급·승진과 연결된 개인 인사관리는 본인이 챙겨야 합니다.

업무 감각 되살리기

복직을 하면 아이 중심의 하루에서 이제는 일과 아이를 함께 관리하는 하루로 바뀝니다. 시간은 그대로이고, 변해야 하는 것은 결국 나 자신뿐이에요. 멈춰있던 업무 감각을 깨우기 위해 늦어도 복직 한 달 전부터는 워밍업에 들어가는 것이 좋습니다.

복직 전 사무실에 들러보는 겁니다. 친한 동료를 통해 여유 있는 날을 택하면 서로 부담스럽지 않게 인사를 나누러 갈 수 있어요. 휴직자가 곧 복귀한다는 인식도 심어주고, 업무 분담의 기대감도 자연스럽게 생깁니다. 이때는 빈손이 아닌 '복직을 위한 투자'라고 생각하며 커피와 간식을 챙겨가면 좋습니다. 저는 스타벅스 투 고백을 애용했습니다. 양손에 투 고백을 한가득 들고 사무실에 나타나면 사람들의 눈빛이 오~ 하는 눈빛으로 바뀌는 게 느껴졌거든요.

단순히 인사만 하고 오는 것은 의미가 없습니다. 바뀐 환경을 체크하고 시간적 여유가 있다면 직무 관련 최신 정책과 지침을 파악하면 좋아요. 업무 매뉴얼을 다시 보는 것도 좋습니다. 팀 구조나 담당자가 변경되었는지, 직속 상사가 바뀌었는지, 연락처나 성향은 어떤지 미리 알아두면 빠른 적응에 도움이 됩니다. 최근에 행정 업무로 사무실에 방문했는데 업무 시스템의 디자인, 위치 등이 많이 바뀌었더라고요. 2년 사이에 주로 업무를 보는 시스템의 변화가 낯설게 느껴졌지만, 바뀐 환경을 미리 알고 있기 때문에 마음의 준비를 할 수 있는 요소를 챙길 수 있어서 좋았어요.

가능하다면 휴직 전 맡았던 자료나 프로젝트를 훑어보며 기억을 깨우세요. 복직 후 맡을 가능성이 있는 업무나 현재 팀에서 진행 중인 프로젝트도 가볍게 물어보면 센스 있는 사람으로 보입니다. 이렇게 오프라인에서 기반을 만들었다면 온라인 강의나 뉴스레터로 굳어 있는 업무 뇌 영역을 말랑말랑하게 해줍니다.

육아 유연근무제 활용

요즘은 일과 가정을 병행하기 위해 육아 유연근무제를 적극적으로 활용하는 추세입니다. 다만 기관마다 규정과 분위기가 다르기 때문에, 상사와 미리 충분히 소통하고 협의하는 과정이 중요해요. 복직 전에 대면 혹은 유선으로 상황을 공유하며 조직이 복직을 인지하도록 하는 것도 좋은 방법이겠죠?

육아기 근로 시간 단축제(만 8세 이하 자녀, 1~2시간 단축), 시차출퇴근제, 재택근무제(주 1~3회), 선택적 근로시간제(월 단위 총근로시간 충족 시 자유 출퇴근), 집중 근무제(10~16시 등 필수 근무시간 지정) 등 다양한 제도가 있습니다. 육아 사유로 회사가 반드시 허용해야 하는 법적 제도는 출산휴가·육아휴직·육아기 근로 시간 단축제 등 이 있어요. 선택적 근로시간제나 시차출퇴근제 등 유연근무제는 법에 제도 형태는 존재하지만, 도입 여부와 운영 방식은 각 조직의 재량에 따라 달라져요. 따라서 소속 기관의 제도 현황을 파악하고 실제 사용 중인 조직 구성원의 의견도 들어보며, 우리 가정에 가장 맞는 방식을 찾는 것이 좋습니다.

저는 첫 번째 육아휴직 후 복직하면서 육아기 근로 시간 단축제를 출근 시간에 적용했습니다. 아침 준비는 매일 전쟁이었거든요. 몇 번씩 옷을 갈아입고, 밥을 흘려 씻기는 일도 많았고, 어린이집 등원 시 안 간다고 우는 일은 일상이었죠. 이럴 때 출근 시간 때문에 울고 있는 아이를 어린이집 입구에 두고 뒤돌아보지 않고 뛰어가기를 반복했어요. 전쟁 같은 아침을 극복하고자 근로 시간 단축제를 사용했고, 아침 2시간의 여유는 하루의 시작을 조급하지 않게 만들어줬어요. 또 줄어든 근무시간을 보완하기 위해 직장에서는 더욱 몰입할 수밖에 없었고요. 똑같은 시간이지만 환경이 변하면 나도 변화해야 한다는 걸 깨달았습니다. 환경은 나에게도 '이런 모습이 있었어?' 하는 새로운 면을 보여주기도 했습니다.

유연근무제 사용 역시 상사와 소통을 한 후에 이루어져야 하는 부분입니다. 육아휴직을 통보하지 않았던 것처럼 유연 근무제 사용 역시 사전에 상사, 동료들에게 공감 형성을 한 이후에 진행하는 것이 좋습니다. 복직과 동시에 사용해야 한다면 휴직 중 사무실에 방문했을 때 육아 환경에 대한 사항을 미리 말해두는 것을 추천합니다.

복직 후 사용할 장비·복장 점검

복직을 앞두고 있다면 마음뿐 아니라 현실적인 준비도 필요합니다. 업무 장비를 점검하고 근무복, 구두, 서류 가방 등을 꺼내 확인합니다. 먼지가 쌓인 물건을 정비하고 필요하다면 새로 구입합니다. 업무 다이어리나 볼펜을 준비하면서 복직을 스스로 인식하게 되고, 작은 설렘도 생길 겁니다. 이는 자기 자신에게 건네는 '복직 응원 선물'입니다.

주의할 점은 점검하다 보면 부족한 것이 너무 잘 보인다는 것입니다. 옷이 맞지 않거나 구두가 해져 있을 수 있습니다. 하지만 '곧 급여가 들어오니까'라는 생각으로 무분별한 소비를 시작한다면, 휴직 기간에 다져놓은 소비 습관이 금방 무너질 수 있습니다. 휴직 때의 절제된 소비를 그대로 이어가세요. 통제 없는 지출은 결국 일하는 시간을 늘릴 뿐입니다. 휴직 기간 고민하며 설계했던 '아이를 걱정 없이 키울 수 있는 환경'을 위해 아끼고, 공부하고, 자산을 불려 가야 합니다.

휴직자 모먼트가 삶에 자연스럽게 스며든 여러분에게 복직은 결코 쉬운 일이 아닙니다. 해오던 일이라고 하기엔 환경이 너무 많이 달라졌습니다. 업무도 육아도 매일 새로운데, 이 두 가지를 한꺼번에 다시 안아야 합니다. 하지만 준비된 자가 기회를 얻듯, 사전 준비는 결국 업무와 육아 모두를 해결하는 힘이 됩니다.

휴직자 모먼트가 삶에 자연스럽게 스며든 사람에게 복직은 결코 쉬운 일이 아닙니다. 휴직 전 해오던 일이라고 하기엔 그 사이 우리의 일상과 마음이 너무 많이 달라졌으니까요. 업무도 육아도 매일 새롭고, 이 두 가지를 한꺼번에 다시 짊어지는 건 당연히 벅찬 일입니다.

하지만 휴직하는 동안 쌓아온 다양한 경험과 삶을 바라보는 변화된 시선은 복직 후의 내가 흔들리지 않도록 붙잡아주는 기반이 되어줄 거예요. 예전보다 상황을 받아들이는 폭이 넓어지고, 일도 육아도 나답게 조율하는 힘이 생겨 있을 거예요. 준비된 자가 기회를 얻듯, 여러분은 이미 준비의 절반을 끝낸 사람입니다. 이제 남은 건 천천히 다시 호흡을 맞춰가는 일입니다. 사전 준비는 결국 업무와 육아 모두를 해결하는 힘이 되고, 여러분을 다시 일상으로 부드럽게 이끌어줄 거예요. 그러니까 너무 걱정하지 말아요. 이미 충분히 잘하고 있어요.

딱 1분만 생각하기

1. 복직을 떠올리면 제일 먼저 떠오르는 감정은 무엇인가요?

→ 두려움·설렘·걱정·기대 중 어떤 게 가장 큰지 적어보세요.

2. 복직 후 가장 걱정되는 부분은 무엇인가요?

→ 돌봄, 출퇴근, 업무 변화, 팀 분위기 등 마음에 걸리는 한 가지 골라보세요.

3. 복직 첫 주를 '내 방식대로' 보낸다면 어떤 모습이 될까요?

→ 출근 적응 루틴, 아이 등원 리듬, 업무 준비 등을 떠올려 보세요.

다시 시작하는 마음가짐

육아휴직을 시작할 때도 마음의 준비가 필요했듯, 복직 전의 마음가짐 역시 중요해요. 사람은 익숙한 것을 벗어나기를 두려워하는 존재입니다. 휴직의 익숙함에서 벗어나려면 익숙함을 기억하는 '뇌의 습관'을 다시 훈련해야 합니다. 하지만 한 번에 모든 것을 바꾸려는 시도는 오히려 역효과를 낼 수 있어요. '이제부터 완전히 일 모드로 돌아가야지!' 하고 마음을 다잡는 순간, 금세 피로감이 몰려올 수 있죠. 변화는 천천히, 단계적으로 이루어져야 합니다.

반대로 '뭐, 알아서 되겠지!' 하는 태도도 위험합니다.

복직 초기에는 '휴직자'라는 꼬리표가 한동안 따라붙습니다.

"잘 쉬고 왔나 봐?"

"휴직을 길게 해서 그런가, 예전 같지 않네?"

이런 말을 들을 수도 있어요. 그럴 때 그저 웃으며 넘길 수도 있고, 받아칠 수도 있겠죠. 하지만 어떤 선택을 하든 중요한 건 흔들리지 않는 나의 마음가짐입니다.

흔들리지 않는 복직자의 무기: 몰입

흔들리지 않기 위해 필수 수단은 '몰입'입니다.

'내가 쉰 건 잘한 선택이었고, 지금부터 다시 나의 가능성을 발휘할 시간이다.'

이런 확신이 있다면 어떤 말에도 휘둘리지 않을 거예요. 뒤처졌다고 생각하지 마세요. 직장 동료들을 경쟁 상대로 보지 말고, 공동의 목표를 위해 함께 움직이는 사람, 나를 도와줄 수 있는 사람으로 바라봐야 합니다. 열등감에 사로잡혀 일하면 이도 저도 되지 않으니까요.

조금 더디더라도 괜찮아요. 잠시 쉬며 리셋된 몸과 마음이 다시 일의 감각을 되찾는 순간, 숨어 있던 나의 역량이 서서히 몸 전체로 퍼지는 걸 느낄 수 있을 거예요. 컴퓨터도 리셋하고 나면 잠깐의 예열 시간이 필요하잖아요. 휴직에서 복직으로 전환되는 과정 역시 그런 '예열'이 필요합니다. 스스로에게 '휴직 괜히 했어'라는 말을 하지 않겠다는 마음으로 업무에 임해보세요. 내가 내린 선택에 책임을 지는 가장 좋은 방법은 업무 시간의 몰입도를 높이는 것입니다.

육아와 직장을 동시에 해내는 삶은 말 그대로 하루가 전쟁처럼 느껴질 만큼 치열합니다. 이때 아무 무기도 장착하지 않은 채 사무실로 뛰어들면, 호되게 당할 수밖에 없습니다. 그렇다면 회사라는 전쟁터에서 우리가 들어야 할 무기는 무엇일까요?

그 답은 바로 '몰입'입니다. '몰입'은 단순히 집중하는 것이 아닙니다. 심리학자 미하이 칙센트미하이는 「몰입 Flow」에서 이렇게 말합니다.

"몰입의 순간, 우리는 시간을 잊고 오히려 시간을 지배한다."

몰입은 자신이 하는 일에 완전히 빠져들어 시간의 흐름을 잊는 상태를 말해요. 복직 후 업무 시간에 몰입하면 만족감, 성취감, 자신감을 극대화할 수 있고, 그 힘은 복직 초반의 불안감을 덮어 일의 리듬을 빠르게 되찾게 해줄 겁니다.

또 몰입은 한정된 시간을 효율적으로 쓰는 데에도 절대적으로 필요한 요소예요. 육아와 병행하는 시간은 언제나 빠듯합니다. 하지만 한번 몰입하면 그 시간의 밀도는 달라집니다. 한 시간 안에 세 시간을 사는 듯한 감각. 그게 몰입이 만들어내는 시간의 마법입니다.

복직 전 지금, '몰입'을 어떻게 활용할지 고민해 보세요. 작게는 하루 한 가지 일에 집중해 보는 것부터, 크게는 몰입하는 훈련을 일상의 루틴으로 만드는 것도 좋겠죠. 예를 들어

- 하루 30분 무조건 한 가지에만 집중하기
- 디지털 차단 루틴 만들기
- 몰입이 흐트러졌을 때 다시 돌아오는 방법 연구하기

자신만의 몰입 방법을 연구하고 훈련하는 겁니다. 이 작은 연습들이 모여 복직 후의 시간을 주도하는 삶으로 바뀔 거예요.

복직자의 가장 큰 경쟁력 '태도'

복직 후 업무를 빨리 파악하는 것보다 중요한 것은 '태도'입니다. 휴직 동안 잃은 것은 '속도'일 수 있지만, 그 시간을 통해 얻은 것은 '시선'과 '균형'이잖아요. 이것들을 어떻게 태도로 전환하느냐가 관건입니다.

조직은 '일 잘하는 사람'도 중요하지만, '함께 일하고 싶은 사람'을 더 원하더라고요. 그 차이는 성과가 아니라 태도에서 나온다고 생각해요. 지시를 기다리기보다 스스로 움직이는 사람, 문제가 생겼을 때 원망하기보다 해결을 찾는 사람, 작은 일에도 의미를 발견하고 감사할 줄 아는 사람이 더 좋은 평가를 받습니다. 이런 태도는 사람들의 기억에 오래 남아요. 많은 사람들이 칭찬하고 좋은 사람이라고 평가하는 사람은 매사에 태도가 좋은 사람이었어요.

복직 초기엔 모든 게 낯설 겁니다. 하지만 그럴수록 '내가 어떤 태도로 일하고 싶은가'를 스스로 묻는 게 중요해요. 조급함 대신 매일 조금씩 나아가려는 태도, 비교 대신 배우려는 태도, 지적받더라도 금세 회복하는 유연한 태도를 가져보세요. 그 태도가 복직자의 가장 큰 경쟁력입니다.

조직에서 본받고 싶은 사람들을 떠올려보세요. 그분들을 롤모델 삼아 일하는 것도 좋은 방법입니다. 제가 롤모델 삼고 싶은 사람들의 모습을 종합해 보면, 조직 내 일원으로 있는 시간만큼은 최선을 다하는 사람들이었어요.

지금 여러분은 경력직 신입사원의 마음으로 서 있을 거예요. 그런데 신입이면 실수해도 어느 정도 용서되지만, 경력직은 그렇지 않습니다. 모든 사람이 완벽하게 임무를 수행하진 않지만, 실수를 최소화하는 사람이 되도록 사전에 준비해야 해요.

복직을 앞둔 지금, 나의 뇌를 '일하는 사람'으로 예열하는 시간을 가져보세요. 일의 감각을 깨우는 데 집중하고, 일하는 동안의 내 모습을 상상해 보는 것만으로도 이미 복직할 자세를 충분히 갖추고 있어요. 마인드셋! 이것이 가장 큰 복직 준비라고 생각합니다.

딱 1분만 생각하기

1. 복직 첫날, 어떤 태도로 일하고 싶은가?

→ 한 문장으로 적어보세요. '나는 어떤 사람으로 돌아가고 싶은가?

2. 지금 나에게 가장 잘 맞는 '몰입 환경'은 무엇인가?

→ 시간·장소·도구 중 하나만 골라 오늘 바로 적용해 보세요.

3. 내가 시도해 보고 싶은 '몰입 훈련 방법'은 무엇인가?

→ 딱 하나만 골라 오늘부터 작은 루틴으로 만들어보세요.

다시 일하는 나, 여전히 엄마인 나

엄마에게도, 직장에도 '복직'은 긴장되는 순간이죠. 두 위치가 주는 압박은 생각보다 큽니다. 그 압박을 덜어내려는 방법은 완벽한 준비가 아니라 반복의 학습이더라고요.

첫 번째 휴직 후 복직에는 남편이 연달아 육아 휴직을 해서 육아보다는 업무에 집중할 수 있었어요. 그러나 몇 개월이 지나고 남편도 복직하면서 비로소 워킹맘의 삶이 시작됐습니다. 업무 적응이 된 상태였음에도 육아와 일을 병행하는 것에서 약간의 혼란이 찾아왔어요. 업무는 익숙해졌지만 아이 돌봄은 늘 변수가 많았습니다. 특히 아이가 아플 때는 모든 일이 올스탑되는 건 부지기수였죠. 첫 번째 휴직을 마치고 복직했을 때 코로나가 전 세계를 위협하던 시기였어요. 어린이집에 코로나 환자 발생으로 휴원 명령이 떨어지면 당장 아이를 봐줄 사람이 없어서 난감했던 상황도 많았습니다.

퇴근 후에는 더 큰 과제들이 기다리고 있었어요. 피곤한 몸을 이끌고 집에 돌아오면 밥 차리기가 너무 버거웠습니다. 결국 배달 음식을 자주 시켜 먹었고, 엄마와 함께 있는 시간이 부족한 아이는 "엄마랑 놀고 싶어"라며 졸라댔고요. 아이와 놀아주다 보면 잠자리는 늦어지기 일쑤였고, 아침엔 아이도 저도 비몽사몽인 날의 연속이었습니다. 아이를 대충 씻기고 언밸런스한 스타일로 옷을 입혀 보낸 적도 많았고요. 아침을 차려 먹일 정신도 없었습니다. '어린이집은 아침 간식이 있으니까 괜찮아'라며 합리화하기도 했죠. 어린이집 준비물을 깜빡하거나 행사 날 원복을 입히지 않고 보낸 날도 당연히 있었고요.

그래서 두 번째 복직은 만반의 준비를 했어요. 첫 번째 복직과는 상황이 완전히 다르거든요. 휴직이 끝남과 동시에, 소위 말하는 독박 육아 상태로 복직해야 했습니다. 주말 부부가 되어 지내게 되었거든요. 첫째는 초등학교 2학년, 둘째는 4세가 되고, 매일 아침 초등학교와 어린이집을 등교·등원시켜야 하는 상황이에요. 즉, 평일에는 저 혼자 두 아이의 육아와 출근을 병행해야 하는 현실을 맞이하게 됩니다. 철저한 준비가 필요했습니다. 이 상황을 근성으로만 버텨낼 수는 없다는 걸 직감했죠. 미리 준비하지 않으면 가족이 위태로워질 상황이었습니다. 아니, 제가 먼저 쓰러질 수도 있는 상황이겠더라고요. 그래서 차근차근 철저하게 준비했습니다.

복직 전 1개월, 생활 리허설

가장 먼저 하교와 어린이집 등·하교 시간표를 기준으로 하루 동선을 그렸어요. 출근 시간, 아이들 등교·등원, 퇴근 후 일정까지 실제 생활처럼 시뮬레이션했습니다. 이걸 통해 아침에 몇 시에 일어나야 여유가 생기는지, 무엇을 전날 미리 챙겨놔야 하는지 현실적으로 파악할 수 있었습니다. 이렇게 동선을 정리하니 무엇을 미리 준비해야 할지가 보이기 시작했어요. 옷, 식사, 준비물, 체력 등 하나씩 정비하지 않으면 복직 후 매일 전쟁이 될 게 분명하더라고요.

아이들에게도 주기적으로 엄마의 복직을 알렸습니다. 마음의 준비를 하는 것과 하지 않는 것은 차이가 명확하니까요. '아이들이 뭘 알아' 하는 생각은 버려야 해요. 엄마가 힘들다는 것도, 좋아한다는 것도, 사랑한다는 것도 단박에 알아차리는 게 아이들이잖아요. 그래서 저는 돌려 말하지 않았습니다.

"엄마가 다시 출근하면 너희를 챙기는 시간이 줄어들 수도 있어. 그래서 너희 도움이 꼭 필요해. 어린이집, 학교생활도 씩씩하게 해줘야 해. 그래야 엄마도 마음 놓고 일할 수 있고, 너희도 하루를 즐겁게 보낼 수 있어."

이렇게 솔직하게 직장 복귀를 설명하고, 엄마 혼자 감당해야 하는 변화가 아니라, 우리 가족이 함께 맞이하는 변화라는 걸 알려주는 것도 방법입니다. 그래서 첫째에게는 스스로 할 수 있는 것들에 대해 지속적인 교육을 했습니다. 더구나 혼자 하교 후 학원에 가는 방법, 집에 혼자 있는 방법 등을 훈련했어요. 요일별 루틴을 정해서 써

붙여 놓고 가족 전체가 훈련에 돌입했습니다. 예를 들어 목요일에는 빨래, 금요일에는 다음 주 학업 일정 확인 후 준비물 체크, 토요일은 손톱 정리·장보기, 일요일은 식재료 소분하기 같은 것들이었습니다. 매일 해야 하는 루틴으로는 자기 전에 출근·등원 복장 세팅, 아이 가방 준비물 확인, 학습지 활동 여부 확인 등이 있었고요. 아이들의 루틴을 잡기 위해 가방 걸이대와 정리함도 준비했습니다. 겉옷과 가방은 스스로 정리하도록 했고, 거실에서 가지고 놀던 장난감을 빠르게 치울 수 있도록 거실 정리함을 활용했습니다. 자기 전에 거실을 반드시 정리하고 자는 루틴도 만들었어요. 혼란을 잠재우는 데는 루틴만 한 게 없더라고요.

워킹맘의 현실 준비물

복직 후 아침은 전쟁이었어요. 아이들 옷 챙길 때는 '입을 옷이 없어'보다 '입힐 시간이 없어'가 더 큰 고민이었습니다. 고민을 덜어내는 옷장을 만드는 것이 제가 해결한 방법이었어요. 옷장을 열어 상하복을 세트화해 정리했습니다. 하나 쏙 뽑으면 그대로 입힐 수 있도록 코디를 미리 해두는 겁니다. 상의와 어울리는 하의를 찾는 것도 은근 시간이 걸리더라고요. 그래서 빨래를 넣으면서 미리 세트화해 준비했습니다. 아이가 편하게 입는 소재나 좋아하는 색상의 옷을

4~5세트 정도 만들어두었어요.

전날 등원룩을 준비해 놓아도 안 입겠다고 떼쓰는 경우가 있잖아요. 이때 플랜 B 옷을 바로 꺼내 입히는 기술을 발휘해 아침 시간을 벌어야 합니다. 신발도 마찬가지고요. 둘째는 유독 장화 신는 것을 좋아했는데 이럴 때는 장화를 신기고 운동화를 가방에 넣어 보내는 방법을 택했습니다. 그럼에도 어디로 튈지 모르는 아이들의 마음을 바로 달래줄 방법도 필요했어요. 저는 비타민이나 사탕, 젤리를 넣어둔 파우치를 항상 가지고 다녔어요. 최후의 수단으로 아껴두다 사용하는 방법입니다.

첫째가 초등학생이 되면서 등·하교를 잘할까 하는 걱정이 정말 많았습니다. 그래서 1학년 때 휴직하기도 했고요. 복직하면 가장 걱정되는 건 초등학생인 첫째입니다. 어린이집이나 유치원은 등원시키면 하원할 때까지 원 안에 있으니까 그나마 안심되지만, 초등학생부터는 상황이 다르잖아요. 그렇기에 연락 창구가 필요할 수밖에 없어요.

그런데 저는 핸드폰은 최대한 늦게 사주고 싶었습니다. 『불안 세대』라는 책을 읽고 그 생각은 더 굳어졌어요. (우리 아이들 세대의 정서와 올바른 사고를 위해 꼭 읽어보시기 바랍니다.) 고민하다 자체 통화 및 문자 전송이 가능한 셀룰러 워치를 선택했습니다. 별도의 번호를 부여받아 통화·문자가 가능해서 소통에는 문제가 없었습니다. 워치로 위치 확인까지 가능하니 걱정도 줄더라고요. 아이도 "엄마랑 연결되어 있는거 같아."라며 안심했습니다.

핸드폰을 사주기 어렵다면 워치를 고려해 보세요. 저는 가방 안에 위치추적 태그도 함께 넣어두어 워치가 꺼질 경우에도 대비했습니다. 이렇게 다양한 장비를 활용해 복직 후 초등 자녀 생활에 대한 걱정을 조금이라도 줄여보시기 바랍니다.

식사 시스템 구축

'오늘은 뭐 먹지'가 가장 큰 고민입니다. 안 그래도 바쁜데 메뉴 선정부터 식재료 구입, 손질, 조리까지 식사 준비는 너무 수고스러워요. 바쁘다는 핑계로 배달 음식을 계속 먹는다면 건강을 해칠 게 뻔하고요. 그래서 밀키트 형식으로 식사를 준비했습니다. 재료를 넣어둘 용기를 구입하고, 밀키트를 잘 만드는 요리 인플루언서들의 메뉴표를 이용했어요. 주말에 밀키트를 만들어 두었습니다. 이마저도 힘들 때는 반찬 정기배송을 이용했고요. 단순 반찬만 오는 것이 아니라, 매일 식단이 다르게 배송되는 업체가 있어요. 다양한 식단을 재료·손질·시간을 들이지 않고 데워서 먹기만 하면 되니 워킹맘에게는 더할 나위 없이 좋은 선택이었습니다.

'많이 비싼 거 아니야?' 싶으시겠지만, 장보기·손질·조리 등에 쓰는 비용과 에너지를 고려하면 훨씬 나은 선택이라고 생각해요. 식사 관련해서는 레버리지를 쓰는 것도 필요하더라고요.

첫째가 학교에 입학하면서 아침을 먹지 않고 등교하면 점심까지 굶어야 하는 상황이었습니다. 그래서 휴직 중에는 매일 아침을 챙겨주었는데 복직과 동시에 아침을 챙길 수 있을까 걱정되더라고요. 시리얼·토스트 같은 간단한 식단만으로는 아이 성장, 건강이 염려되었고요. 그래서 조리 과정을 최소화하고 원물 상태로 바로 먹을 수 있는 식단과 볶음밥 밀키트를 준비했습니다. 찐 고구마·삶은 달걀·요거트·과일·곡물 쉐이크 같은 식단은 아침을 든든하게 해주면서 준비시간도 많지 않아 좋았고, 찜기를 활용한 간단한 조리법을 익혀 따뜻한 아침 한 끼를 챙길 수도 있었습니다.

초등 자녀가 있다면 아이가 혼자 꺼내 먹을 수 있도록 간식도 준비해 둡니다. 배는 고픈데 먹을 게 없으면 조리하려는 생각이 들 수 있습니다. 가스불이나 칼을 사용하면서 다칠 위험을 최대한 줄이기 위해 사전 준비와 교육이 필요합니다. 그래서 간식은 아이 눈높이의 서랍이나 냉장고 하단 칸에 정리해 두어, 배고프면 스스로 꺼내 먹을 수 있게 구조를 바꿔두었어요.

아이 하교 이후 설계하기

초등학생 자녀가 있는 상태에서의 복직은 더욱 복잡하고 걱정이 많습니다. 첫째는 휴직 중에도 하교 시간쯤 갑자기 전화가 와서 이유 없이 울거나, "방과후 활동가는 길을 몰라서 무서워." 하는 녀석이었습니다. 집에 있는데도 이런 전화를 받으면 가슴이 철렁한 데, 직장에서 비슷한 일이 없으리란 보장은 없잖아요. 기존 학원을 그대로 다녀도 되지만 학년이 올라가면서 변화하는 것도 있기 때문에 하교 이후의 시간을 재설계할 필요가 있습니다.

아이가 흥미를 느끼는 요소, 차량 운행 여부 체크를 우선으로 정했어요. 이는 아이의 안전한 하교 후 활동에 영향을 주더라고요. 차량 운행 여부에 따라 아이가 직접 이동해야 하는 거리와 시간대가 달라졌고, 아이의 안전과 스트레스에도 그대로 영향을 미치는 사항이었어요. 아이가 좋아하지 않는 학원을 보내면 등원 거부 할 수 있기에 아이와 친한 친구가 다니는 학원을 확인해서 보내기도 했어요. 반대로 불편한 친구가 다니는 학원이라면 사전에 고려해 볼 필요도 있어요. 그래서 아이의 친한 부모 연락처를 확보하는 것도 필요합니다.

이게 왜 중요하냐면 가끔 하원 후 연락이 되지 않을 때 친구 집에 가거나, 친구와 다른 곳으로 가는 경우가 왕왕 있더라고요. 다양한 채널을 활용한 연락 체계 확보 및 정보 공유 차원으로 부모님 연락처를 알아두는 것도 방법입니다.

퇴근 시간보다 학원 종료 시간이 빠르면 아이가 방황하지 않도록 조치를 취해두어야 합니다. 학원 종료 후 집까지 오는 경로를 함께 걸어보거나, 기다릴 장소를 미리 정해두는 것도 도움이 되었습니다. 혼자 집에 있는 훈련을 조금씩 해두고, 홈 CCTV를 설치해 둔 것도 큰 도움이 되었어요. 아이에게는 혼자 있을 때 스스로 할 수 있는 일과 하면 안 되는 일을 구분해 반복적으로 교육했습니다. 집에 혼자 있게 될 경우 숙제·학습지 해놓기, 준비물 챙겨두기 같은 스스로 할 수 있는 일들을 계속 반복 학습했어요. 반대로 조리하거나, 모르는 사람에게 문을 열어주는 행동, 엄마에게 알리지 않고 위험한 행동을 하는 것들은 주기적으로 하지 말아야 할 일로 알려주었습니다.

면역력, 수면은 언제나 옳다

아이의 건강을 위한 노력도 필요합니다. 워킹맘은 "아이가 아프면 끝"이라는 마음으로 면역력을 높여주는 식품을 준비했습니다. 비타민D, 유산균, 아연 등 효과 좋다는 품목들을 구매해 먹였습니다. 상비약도 챙겨두어 감기 초기에 놓치지 않고 먹였습니다. 감기를 초장에 잡는 가장 현실적인 방법이었습니다.

면역력을 높이는 또 하나의 방법은 일정한 취침과 기상입니다. 9시 저녁 알람을 맞춰 집안 조도를 낮추고 수면 분위기를 만들었습니다. 9시 전에 아이들이 모두 샤워를 마치고 편안한 실내복을 입도록 했습니다. '누가 먼저 침대에 들어가나~' 하며 잠자리 놀이 문화를 만들었고, 마사지를 하며 몸의 긴장을 풀어줬습니다. 이후 잠자리 독서를 해준 다음 잠들었습니다.

여기에 최근 아이들의 수면 질을 조금 더 안정적으로 만들기 위해 흑하랑 성분이 들어 있는 수면 보조 제품도 먹이고 있어요. 잠드는 데 도움이 된다는 후기가 많고, 성인·아이 모두 섭취할 수 있어 온 가족이 가볍게 도움받고 있습니다. 수면 환경을 정리한 상태에서 이런 보조 제품을 곁들이면 잠드는 시간이 빨라지는 느낌은 있었어요. 다만 보조제 하나로 모든 게 해결되는 건 아니기 때문에, 어디까지나 도움이 될 수 있는 여러 선택지 중 하나 정도로 받아들이시면 좋겠습니다.

주말에는 평일에 하지 못한 햇볕 쬐기, 가족 산책 시간을 가졌습니다. 아이들의 체력과 건강 챙기기에 노력했어요. 이때 저도 비타민 등을 챙겨 먹으며 스스로의 건강도 돌봤습니다. 엄마가 건강해야 아이도 건강하더라고요. 아이가 아플 때 엄마가 같이 아프면 안 되니까, 제 면역력을 높이기 위해 매일 아침 홍삼 진액 먹기, 비타민 챙겨 먹기 등은 아이들보다 저 자신을 위해서 더 꼼꼼하게 챙겼다는 건 안 비밀입니다.

엄마는 일하는 사람이라는 것을 일깨워주기

아이에게는 말보다 모습이 교육입니다. "엄마 돈 벌어 올게!"보다 "엄마는 사람들에게 도움이 되는 일을 하러 가."라고 설명해 보세요. 동시에 "엄마가 사람들을 도울 수 있게 어린이집과 학교도 잘 다니고, 선생님 말씀 잘 들어줘서 고마워."라고 말해주면 아이 스스로 뿌듯함을 느낄 겁니다. 이는 일회성으로 끝내지 않고 반복적으로 해주며, 가족 모두가 각자의 위치에서 맡은 일을 열심히 하고 있다는 점을 강조하는 겁니다.

업무 현장에 데리고 가는 것도 좋습니다. 업무하는 모습을 보여주는 것이 가장 큰 효과가 있지만, 어려우면 미디어를 통해 간접 체험을 하게 하고 이야기를 나눠볼 수도 있습니다.

"엄마는 무슨 일을 하는 사람 같아?"

"엄마가 일을 안 하면 어떤 일이 발생할까?"

이런 질문을 나누면서 아이는 노동의 가치, 부모에 대한 존경, 자립심을 키울 수 있습니다.

복직의 핵심은 자연스럽게 굴러가게 만드는 것입니다. 반복을 통해 '해야 하는 일'을 '당연한 일'로 만드는 것. 루틴이 만들어지면 그 안에서 일과 육아가 서로를 지탱하게 됩니다.

다시 일하는 나지만, 여전히 엄마인 나는 일도 육아도 잘하고 싶습니다. 직장에서도 인정받고 싶고, 가정에서도 사랑 많은 엄마로 기억되고 싶습니다. 이 두 가지를 함께 이루기 위해서는 수많은 노력이 필요합니다. '이렇게까지 해야 해?' 싶기도 합니다. 하지만 누군가의 삶을 책임지게 된 엄마가 된 이상 당연히 해야 하는 일이라 생각합니다. 그래서 오늘도 저는 제가 책임지는 아이들에게 최선을 다하는 엄마로 기억되기 위해 노력합니다.

다정 꿀팁

등·하교 시간표와 출근 시간을 함께 표시한 '하루 동선 표'를 벽에 붙여두세요. 시각적으로 루틴이 보이면 협력 요청(남편, 시터, 조부모)도 훨씬 수월해집니다.

[딱 1분만 생각하기]

1. 우리 집에서 오늘 바로 실천할 수 있는 '저녁 수면 루틴' 1가지는 무엇인가?

→ 조도 낮추기, 샤워 타이밍 고정, 잠자리 놀이, 마사지 등

2. 아이 면역력을 위해 '매일 챙겨 먹이기 쉬운 것'과 '나를 위해 챙겨 먹어야 하는 것'은 각각 무엇인가?

→ 비타민·유산균·홍삼 등 내가 당장 적용할 수 있는 1가지 선택

3. 아이가 밤에 스스로 잠드는 데 방해되는 요소가 있다면, 오늘 당장 하나만 줄여본다면 무엇일까?

→ 야식, 늦은 낮잠, TV·태블릿, 방 밝기 등

휴직은 나에게 어떤 의미였나

보통 아이가 태어나고 1년, 초등학교 입학하고 1년 한 아이당 휴직을 2년쯤 생각하는 사람이 많습니다. 그런데 저는 첫째 낳고 1년 6개월, 둘째 낳고 2년 6개월 총 4년의 육아휴직을 했습니다. 4년, 학사 학위를 취득할 수 있는 시간이죠.

저는 무엇을 얻었을까를 생각했습니다. 누군가는 그 시간으로 학위를 얻고, 누군가는 경력을 쌓는 시간. 나는 대신 가족을 돌보고 나를 키우는 시간을 택한 거였어요. 4년 동안 써 내려간 기록과 아이들을 담은 사진은 학위증서 한 장보다 값진 증명서였고요. 아이도 나도 잘 키우는 사람이라고 자부할 수 있게 되었습니다.

첫 번째 휴직은 아이만을 위해서 올인했던 시기였어요. 나의 생활 패턴 모든 것이 아이를 향해있었죠. 모든 게 처음인 엄마였습니다. 좋은 것을 먹이고 입히고 재우는 환경에 온 신경이 곤두서있었습니다. 첫 번째 휴직에는 나를 돌본 시간이 없었어요. 그렇다고 그때를 나를 돌보지 않았다고 후회하지 않습니다. 그만큼 첫째를 위해 투자된 시간이었고 많은 사진, 영상이 증거로 남아있습니다. 그저 조금 아쉬울 뿐. 대학교 1학년 신입생 시절 그저 신이 나서 동기들과 모여

술 먹고 놀며 학점은 신경 안 쓰고 놀았던 것 같은 느낌이랄까요? 공부를 조금만 더 했더라면 학점 평균이 높았을 텐데 하는 아쉬운 같은 거 말입니다. 뒤늦게 정신 차리고 2학년 2학기부터 열심히 공부해서 평균을 올리게 되는 코스가 저의 육아휴직과 닮아있었어요. 다행히 빨리 정신을 차렸다는 것에 안도합니다.

2년 6개월은 정말 많은 것을 하면서 지냈습니다. 그중 제일 기분 좋은 일 중 하나는 첫째가 저를 따라서 한다는 것이에요. 학습 만화지만 독서에도 재미를 붙였고 매일 일기를 쓰고 있습니다. '엄마는 아이의 거울이다.'라는 말을 체감하는 요즘입니다. 나의 행동 하나 하나가 아이에게 흘러 들어가고 있구나 싶어 더욱 열심히 독서하고 기록하게 되더라고요.

매일 배우고 쏟아내는 과정은 주변을 돌아보게 했습니다. 지칠 때도 많았고, '굳이 이렇게까지 해야 하나?' 싶을 때도 있었어요. 그냥 편하게 아이만 보면 되지, 굳이 새벽에 일어나 책 읽고 운동하고 이른바 갓생을 사는 이유가 뭘까 싶기도 했습니다. 하지만 SNS에 저의 기록을 공유하고 사람들에게 '저 이렇게 열심히 애도 잘 키우고 살고 있어요!!' 하는 것을 내비칠 때면 사람들은 '멋지다, 대단하다.' 하며 응원을 보내왔어요. 그게 마냥 좋아서, 인정받는 것 같아서 꾸준히 독서하고 기록했는지도 모르겠습니다.

육아휴직이 아니었다면 독서도, 기록도 열심히 하지 못했을 것 같아요. 다양한 분야의 사람들을 만나기도 어려웠겠죠. 제 취미는 인간관계의 확장으로 이어졌고, 그 확장은 사고의 전환과 발전으로 성장했어요. 그렇게 만나는 사람들에게 최신 육아 정보를 얻기도 했고 나를 성장시키는 일에도 몰두할 수 있었습니다. 육아휴직을 '아이만 돌보는 시간'이 아니라 '나를 돌보는 시간'도 병행했을 때 오는 시너지는 아주 컸습니다. 나와 가족의 미래를 설계하며 '복직 후에 더 잘 해내고 싶다'라는 마음이 생겼고, 잊고 있던 군인으로서의 자부심도 다시 떠올랐습니다. 육아휴직은 직장 생활의 초심을 되찾는 시간이었어요. 이는 휴직 기간에 지나온 시간을 되돌아봤고, 회고의 시간이 저를 성장시켰기 때문이라고 생각해요.

일은 멈췄지만, 오히려 더 큰 성장을 한 시간이었습니다. 복잡한 보고서 대신 하루를 기록했고 상사의 피드백 대신 나 스스로에게 '잘하고 있다'라고 응원했습니다. 그렇게 쌓인 기록들은 많은 이들에게도 영감을 되었고, 제 자존감까지 높여주었습니다. 육아휴직이 아니었다면 이런 일상은 불가능했을 것 같아요. 아이들도 무탈하게 잘 성장해 주었고, 남편도 직장에서 좋은 성과를 내고 있습니다. 그 모든 뒤에는 제가 묵묵히 버티며 쌓아온 시간 들이었다는 것에 자부심을 느낍니다. 겉으로 드러나지 않아도, 가족의 중심에는 늘 제가 있었고 그 중심을 단단하게 지켜온 건 분명 저였어요.

저에게 휴직은 도전이었습니다.

'쉼'이라는 이름으로 시작했지만, 도전을 성공으로 이끌면서 나를 일으켜 세운 시간이었어요. 하루하루가 느슨해질 수도 있었지만, 저는 그 시간을 놓치고 싶지 않았고, 이왕 하는 육아휴직 알차게 잘 보내고 싶었습니다. 매일을 인증하고, 다시 일어나려 애쓴 시간을 기록으로 남겼습니다. 그 기록을 다시 살펴보면 아이들을 잘 키우고자 했던 세세하게 기록된 저의 행동들이 뿌듯함으로 남았습니다. 이는 육아휴직을 하며 스스로에게 한 약속을 지키는 행위였어요.

누군가는 '휴직 중인데 왜 그렇게 바쁘게 지내?'라고 묻습니다. 그럴 때면 저는 그저 웃기만 했어요. 바쁜 휴직은 나와 아이 모두를 위한 일이라는 것을 설명하는 것이 어렵더라고요. 처음엔 그저 아이를 잘 키우고, 복직을 준비하는 마음가짐이었지만, 점점 나를 내적이고 외적으로 무도 회복시키는 시간이 되었습니다. 하루의 목표를 정하고 작은 일에도 성취를 느끼며, 독서와 기록 속에서 나의 변화를 직접 눈으로 확인했습니다. 육아휴직을 단순히 쉬는 시간이라 생각하지 않았던 나에게 진심으로 기특하다고 말해주고 싶습니다. 그 시간 동안 나는 이이를 키웠고, 동시에 나를 키웠습니다.

아이의 낮잠 시간은 저의 공부 시간이 되었고, 아이의 웃음은 엄마 충분히 잘하고 있어요. 하는 피드백이었어요. 책상 앞에 앉아 글을 쓸 때면 '이 모든 시간이 나에게 반드시 의미가 될 거야'라고 믿었고요. 휴직은 나를 작게 만드는 시간이 아니라 더 유연하고 흔들림에도 다시 제자리로 돌아올 수 있는 사람으로 만들어주는 훈련기간이었습니다. 군복을 벗고 가정에 머물렀지만, 돌이켜 보니 저는 여전히 훈련 중이었습니다.

이번에는 보고서 대신 일기를, 상관의 명령 대신 나의 의지를 따르며 삶의 체력을 길러내는 훈련 말이에요. 앞으로의 인생을 살면서 많은 도전이 눈앞에 다가올 겁니다. 그때는 육아휴직 동안 단련된 마음 근육과 문제해결 스킬을 한껏 발휘할 거라 확신합니다. 복직 후의 새로운 임무, 아이들의 성장, 그리고 언젠가 또 다른 전환점들까지 두렵지 않습니다. 육아휴직 동안 축적된 힘이 제 안에 단단히 자리하고 있으니까요.

그 시간 덕분에 나는 흔들려도 무너지지 않는 사람, 넘어져도 다시 일어나는 사람이 되었다고 확신합니다. 이 4년의 휴직은 제 인생의 '쉼표'가 아니라, 도전이자 성장의 시간이었어요.

그리고 누군가가 제게

"그 오랜 휴직 기간, 당신은 바라던 대로 살아냈나요?"

라고 묻는다면, 저는 주저 없이 이렇게 대답할 겁니다.

"이왕 하는 육아휴직, 잘하고 싶었는데… 정말 잘 해냈어요."

딱 1분만 생각하기

1. 육아휴직 동안 내가 스스로에게 가장 자랑스러운 순간은 언제였을까?

2. 후회하지 않는 육아휴직을 보내기 위해 가장 중요한 것은 무엇일까?

3. 복직을 앞둔 나에게, 지금, 이 순간 어떤 말을 건네고 싶을까?

에필로그

이 책이 누군가의 작은 이정표가 되기를...

긴 육아휴직의 끝자락에서, 저는 육아휴직에 대한 생각들을 마음껏 꺼내놓았습니다. 솔직히 말하면, 감히 내가 책을 쓰게 될 거라고는 한 번도 상상해본 적이 없었습니다. 육아휴직이 아니었다면, 내 이름 앞에 '작가'라는 타이틀이 붙을 수 있을지 생각이나 해봤을까요.

그저 독서와 기록을 좋아했고, 언젠가는 내 이름으로 된 책을 내보고 싶다는 막연한 바람이 있었습니다. 그것이 이렇게 현실이 될 줄은 정말 꿈에도 몰랐습니다.

군인이라는 첫 번째 꿈을 이루고 난 후 뭔지 모를 허전함이 계속 있었습니다. 군인의 삶이 자랑스러웠고 군인 안원지 라는 타이틀이 저를 더 강인하게 만들었습니다. 그런 저에게는 허전함을 조금을 채워줄 수 있는 것들이 생겼습니다. 두 번째 꿈인 추천사 쓰는 작가, 그리고 아이들에게 자랑스러운 엄마와 행복한 아내가 되는 것. 거창해 보이지 않지만, 제게는 가장 소중한 꿈입니다. 이 책을 쓰면서, 그 꿈에 한 걸음 더 가까이 다가간 것 같습니다. 작가로서의 첫 발을 내디뎠고, 아이들에게 엄마도 무언가를 해낼 수 있는 사람이라는 것을 보여줄 수 있었으며, 남편과 함께 서로의 꿈을 응원하는 건강한 부부가 되어갔습니다.

지금 돌아보면, 이 책은 결코 혼자 쓴 것이 아니었습니다.

가장 먼저,

사랑하는 두 아이에게 고마움을 전합니다.

효린아, 호진아 엄마가 책상 앞에 앉아 있는 시간을 가질 수 있도록 기관, 학교에 잘 가주었던 것, 그것이 너무 고마워! 때로는 엄마 옆에서 그림을 그리거나 책을 읽으며 함께 시간을 보내주었지? 사랑이 무엇이냐 물으면 엄마는 효린이와 호진이라고 말할거야. 너희가 있어서 이 책이 시작될 수 있었고, 너희 덕분에 끝까지 쓸 수 있었어. 정말 고마워. 사랑해

남편! 너무 고마워!

당신은 내가 쓴 글을 가장 먼저 읽어주는 독자였고, 흔들릴 때마다 "와 진짜 작가가 된다니 정말 멋지다. 와이프 최고!"라고 말해준 든든한 지지자였어. 육아휴직을 길게 할 수 있었던 것도 당신이 큰 짐을 짊어졌기 때문이겠지? 앞으로도 우리 두 아이 잘 키우고 행복하게 잘 살자!

그리고 일일이 이름을 적지는 못하지만, 항상 열심히 산다고, 멋

지다고 응원해준 지인들에게도 진심으로 감사드립니다. 여러분의 응원은 제가 포기하지 않고 끝까지 나아갈 수 있는 힘이 되었습니다.

그리고 마지막으로, 이 책이 세상에 나올 수 있도록 기획부터 출판까지 함께해주신 드림벙커 출판사 대표 리치비님께 깊은 감사를 전합니다. 저의 가능성에만 집중해주시고, 부족한 점은 채워주시며, 이 책이 더 나은 모습으로 독자들을 만날 수 있도록 아낌없이 힘써 주셨습니다. 대표님의 믿음이 없었다면, 이 책은 세상에 나오지 못했을 것입니다.

육아휴직이라는 시간을 허락해 준 나의 직장 군에도 감사합니다. 육아휴직을 통해 군생활이 얼마나 소중하고 앞으로의 군생활도 더욱 잘 해내고 싶다는 다짐을 하게되었습니다. 이 모든 조건이 모여서, 이 책이 세상에 나올 수 있었습니다.

육아휴직이 끝나고 복직하면, 두 아이를 모두 데리고 처음으로 남편과 떨어져 소위 말하는 독박 워킹맘의 삶을 살아가게 됩니다. 더 치열한 육아, 일 현장에 떨어지는 상황이 버겁긴 하지만 마냥 두렵지만은 않습니다. 만 4년의 육아휴직이 저를 그렇게 만들어 주었거든요.

육아휴직에 아무것도 없이 보내고 싶지 않다는 생각, 내 이름이 새겨진 책을 갖고 싶다는 마음이 합쳐져 매일같이 책상 앞에 앉아 있던 시간들. 그 시간들을 글로 옮기다 보니 문득 이런 생각이 들었습니다. *'나, 육아휴직 정말 잘 해냈구나.'*

스스로가 기특해서 울컥했던 순간도 있었습니다. 아무도 시키지 않았지만, 나를 위해 선택했던 시간. 흔들리면서도 포기하지 않고 기록해 온 그 날들이 이렇게 한 권의 책으로 남았습니다.

이 책은 완벽한 육아휴직의 기록은 아닙니다. 다만, 육아휴직을 앞두고 있거나, 이미 그 시간을 보내고 있는 누군가에게 작은 참고서이자 위로가 되었으면 하는 마음으로 썼습니다. 나 역시 수많은 시행착오를 거쳤고, 그 과정에서 배운 것들을 솔직하게 담았습니다.

긴 육아휴직의 끝에서, 저는 이렇게 말해보고 싶습니다. 육아휴직은 세상과의 단절이 아니라, 세상을 다시 바라보는 시각을 갖게한 시간이었다고요. 작지 않은 그 시간이 아이와 나의 성장에 충분히 가치 있는 시간이었다는 걸 깨달았습니다. 그리고 그 시간을 어떻게 보내느냐에 따라, 이후의 삶은 분명 달라질 수 있다는 것도요.

이 책이 누군가의 육아휴직에 작은 이정표가 되기를, 그리고 저처럼 꿈을 향해 한 걸음씩 나아가는 모든 부모들에게 응원이 되기를 바랍니다.

긴 육아휴직을 조금 더 나아진 기분으로 마무리하며, 성장의 기쁨과 앞으로 펼쳐질 날들에 대한 기대를 안고 새로운 시작을 준비합니다. 감사합니다.

부록

가장 많이 묻는 육아휴직 질문 top 20

가장 많이 물어본 현실 질문, 그리고 제가 직접 겪으며 찾은 답을 정리했습니다.(2025. 10월 기준)

자격 및 기간

1. 육아휴직은 누구나 사용할 수 있나요?

만 8세 이하 또는 초등학교 2학년 이하 자녀를 둔 근로자라면 가능합니다. 다만 같은 사업장에서 6개월 이상 근무한 기록이 있어야 합니다. 육아휴직은 엄마, 아빠 모두 쓸 수 있습니다.

2. 계약직·기간제 근로자도 육아휴직이 가능한가요?

가능합니다. 고용 형태는 상관없어요. 6개월 이상 근속한 근로자라면 누구나 쓸 수 있어요. 다만, '휴직 사용'과 '급여 수급'은 다릅니다. 고용보험에 가입되어 있고, 피보험기간이 180일 이상이라면 급여도 받을 수 있지만, 미가입 상태라면 무급휴직 형태로만 가능합니다.

3. 부부가 한 자녀를 두고 모두 육아휴직을 사용할 수 있나요?

네, 가능합니다. 부부가 같은 자녀를 두고 모두 육아휴직을 사용할 수 있습니다. 부모 각각 최대 3년까지 가능하며, 이 중 1년 6개월은 유급으로 급여가 지급됩니다. 나머지 1년 6개월은 무급이지만, 복직을 보장받을 수 있습니다. 즉, 부부가 순차적으로 사용하면 한 자녀 기준 최대 6년까지 휴직할 수 있고, 동시에 사용해도 무방하며 급여 역시 각자 지급됩니다.

4. 육아휴직 기간은 총 얼마나 되나요?

- 일반 근로자(민간): 자녀 1명당 부모 각각 최대 1년
  (조직마다 차이가 있음, 내규 확인 필요)

* 단, 2025년부터 부모 모두 3개월 이상 휴직 시 최대 1년 6개월까지 확대

- 공무원 및 군인: 자녀 1명당 부모 각각 최대 3년
  (유급 1년, 무급 2년)
  * 1년 6개월 확대는 일반 근로자와 동일

5. 육아휴직을 나누어 쓸 수 있나요?

네, 가능합니다. 한 자녀당 3회까지 분할(총 4번 사용) 가능합니다.

보통은 다음과 같은 시기에 나누어 사용하는 경우가 많습니다.

첫 번째: 출산 직후 (산후조리 및 초기 양육)

두 번째: 아이가 어린이집이나 유치원에 처음 적응하는 시기

세 번째: 초등학교 입학 전후 (가장 손이 많이 가는 시기)

네 번째: 기타 돌봄이 필요한 시기

주의사항

- 최소 기간: 한 번 사용할 때 최소 30일 이상은 사용해야 육아휴직으로 인정됩니다.

- 복직 후 재휴직: 각 휴직 사이에는 실제 근무 기간이 포함되어야 하며, 회사(또는 부대)에 미리 신청 절차를 거쳐야 합니다.

- 총 기간의 차이: 일반 근로자는 최대 1년(맞돌봄 시 1.5년)까지, 공무원과 군인은 최대 3년까지 사용할 수 있으므로 본인의 신분에 맞는 전체 기간 내에서 분할 계획을 세우는 것이 중요합니다.

6. 배우자가 전업주부(또는 전업 남편)일 때도 육아휴직이 가능한가요?

네, 가능합니다. 육아휴직은 배우자의 취업 여부와 관계없이 근로자인 본인 자격으로 신청할 수 있는 제도입니다. 즉, 배우자가 전업주부이거나 전업 남편이어도 본인이 요건을 충족한다면 사용할 수

있습니다. 다만 현실적으로는 가정의 경제 흐름을 함께 고려하는 계획이 필요합니다. 수입이 한쪽으로 줄어드는 시기에는 '돈'보다 '마음의 여유'가 더 빨리 소진되거든요. 휴직 전, 배우자와 생활비·육아비를 미리 계산 후 육아휴직을 결정하시기 바랍니다.

돈과 급여

7. 육아휴직 중 급여는 얼마나 받나요?

통상임금의 80%를 받습니다. 첫 3개월은 월 최대 250만 원, 이후 4~6개월은 200만 원, 나머지는 160만 원이 상한이에요. 2025년부터는 사후정산 없이 매달 전액 지급됩니다. 과거에는 25%를 복귀 후에 지급하는 제도가 있었거든요. 2025년 법이 개정되면서 삭제되었습니다.

8. 급여는 어디서, 어떻게 신청하나요?

고용 24(구, 고용보험) 홈페이지에서 온라인 신청이 가능합니다. 보통 휴직 1개월 후부터 매달 신청합니다. 군인이나 공무원은 인사시스템을 통해 육아휴직 신청하면 별도 신청없이 육아휴직 급여는 자동 지급됩니다. 급여 지급은 조직마다 지급 절차가 다릅니다. 앞서 말한 것처럼 군인, 공무원의 경우 자동으로 지급되지만, 일반 직장인은 매달 본인이 직접 신청해야 하는 곳도 있습니다. 각자의 조직에서 급여에 관한 사항을 사전에 확인하시기 바랍니다.

9. '6+6 부모 육아휴직 제도'는 뭔가요?

2024년 1월 1일부터 시행한 육아휴직 급여 특례 제도로서, 같은 자녀에 대해 부모가 모두 육아휴직을 사용한 경우에 한해 육아휴직 급여를 처음 6개월간 인상하여 지급하는 제도입니다. 부모가 각각 육아휴직을 사용하는 첫 6개월 동안 육아휴직 급여를 통상임금의 100% 수준(월 상한 250만~450만 원)으로 받을 수 있습니다. 7개월 이후에는 일반 육아휴직급여(통상임금의 80% 수준) 등이 적용됩니다. 동시에 써도 순차적으로 써도 모두 인정됩니다. 기존의 3+3 제도가 확대, 개편하여 부모가 함께 또는 번갈아 육아휴직을 사용할 때 경제적 지원을 강화한 제도입니다.

10. 육아휴직 중 다른 소득이 생기면 급여가 제한되나요?

네. 육아휴직급여는 영유아 양육을 위해 휴직 중인 근로자에게 지급되는 제도이기 때문에, 휴직 기간 중 다른 취업이나 소득 활동이 발생할 경우 급여가 제한될 수 있습니다. 월 150만 원 이상의 소득이 발생하거나, 주 15시간 이상 근로가 이루어지면 해당 기간은 급여 지급이 중단됩니다.

휴직 신청 및 절차

11. 육아휴직은 언제까지 신청해야 하나요?

휴직 시작 최소 30일 전에는 회사에 알려야 합니다. 갑작스레 통보하면 조직에서도 어려움이 생기기 때문이에요. 미리 알리면 나도 마음이 편해요. "내 자리, 내 권리"를 미리 준비하는 게 기본입니다.

12. 회사가 육아휴직 신청을 거부할 수 있나요?

아니요. 법적으로 불가능합니다. 요건을 충족했다면 반드시 허용해야 해요. 만약 거부당했다면 고용노동부에 신고할 수 있습니다. 내 휴직은 '호의'가 아니라 '권리'입니다.

13. 육아휴직 신청은 어디서 하나요?

회사 인사팀에 먼저 육아휴직 신청서를 제출하고, 급여 신청은 고용24 또는 관할 고용센터에서 진행합니다. 신청은 우편·방문·온라인 모두 가능합니다. 다만 조직마다 절차가 조금씩 달라, 별도의 고용24 신청 없이 회사 내부 절차만으로 처리되는 경우도 있습니다.

14. 육아휴직 중 해고될 수도 있나요?

원칙적으로 안 됩니다. 「남녀고용평등법 제19조 제3항」에 따르면, 사업주는 육아휴직을 이유로 해고나 그 밖의 불리한 처우를 해서는 안 되며, 육아휴직 기간에는 해당 근로자를 해고하지 못한다고 명시되어 있습니다.

15. 육아휴직 기간이 근속 기간에 포함되나요?

네. 법에 따라 육아휴직 기간은 근속 기간에 포함됩니다.

「남녀고용평등과 일·가정 양립 지원에 관한 법률」 제19조 제6항에는 '사업주는 근로자가 육아휴직을 사용하는 경우 그 기간을 근속 기간에 포함하여야 한다'고 명시되어 있어요. 따라서 승진·퇴직금·연차 산정 등에서 불이익을 받지 않습니다.

16. 복직하면 원래 하던 일로 돌아갈 수 있나요?

네. 원칙적으로 가능합니다. 법에서는 육아휴직 후 복귀한 근로자를 휴직 전 수행하던 업무 또는 그에 준하는 업무에 배치하도록 규정하고 있습니다. 따라서 회사가 임의로 낮은 직무나 불리한 자리로 배치하는 것은 불법입니다. 다만 조직 개편, 인사 이동 등 불가피한 사유가 있을 때는 동일 수준의 동급·동질의 업무로 배치할 수 있습니다.

선택형 제도와 변화

17. '육아기 근로시간 단축'은 어떤 제도인가요?

'육아기 근로시간 단축'은 자녀가 만 12세 이하(초등학교 6학년 이하)일 때, 근로시간을 하루 2~5시간 줄여서 일할 수 있는 제도예요. 육아휴직과는 별도의 제도입니다. 한 아이당 최대 1년까지 사용할 수 있습니다. 육아휴직을 사용한 이후에도 이어서 사용할 수 있고, 순서를 바꿔 단축근로를 먼저 쓰는 것도 가능합니다.

18. 잔여 육아휴직을 육아기 근로 단축 기간에 더해서 사용할 수 있다던데, 어떤 내용인지 궁금해요?

육아기 근로시간 단축은 기본적으로 자녀 한 명당 부모 각각 1년까지 사용할 수 있어요.

여기에 육아휴직 기간 중 사용하지 않은 기간이 남아 있다면, 그 남은 기간을 두 배로 계산해 단축근로 기간에 추가로 더할 수 있습니다.

예를 들면, 육아휴직을 6개월만 쓰고 6개월이 남았다면, 6개월 × 2 = 12개월을 단축근로로 더 쓸 수 있는 방식입니다. 총 24개월(육아기 근로시간 단축 제도 기본 1년 + 가산 1년)을 쓸 수 있는 겁니다. 단, 여기서 말하는 '잔여 육아휴직'은 법정 육아휴직 1년 기준이고, 회사에서 회사에서 별도로 주는 무급휴직은 포함되지 않아요.

19. 배우자 출산휴가와 육아휴직은 다른 제도인가요?

네, 두 제도는 목적도, 기간도, 지급 방식도 완전히 다른 제도입니다. 배우자 출산휴가는 배우자가 출산했을 때 즉시 돌봄을 지원하기 위한 단기 휴가예요. 출산 직후 며칠 동안 산모를 돕고 신생아를 돌볼 수 있도록 설계된 제도입니다. 반면 육아휴직은 출산 후 장기간(최대 1년, 조건 충족 시 1년 6개월까지) 동안 아이를 직접 양육할 수 있도록 보장하는 중장기 휴직 제도예요.

20. 가족 돌봄 휴직도 있나요?

네, 있습니다. 가족 돌봄 휴직은 가족의 질병·사고·노령 등으로 일시적인 돌봄이 필요할 때 연 90일까지 무급으로 사용할 수 있는 제도입니다. 아이 양육을 위한 육아휴직과는 별개의 제도이며, 짧게 필요하면 가족 돌봄 휴가(자녀 돌봄 휴가라고 말하기도 함 / 연 10일)로 나누어 사용할 수도 있어요.

군인을 위한 육아휴직 가이드

1 군인 행정 필수 체크리스트

항목	내용	비고
육아휴직 명령서	인사과를 통해 반드시 발령 절차 확인 필요	발령일 기준으로 급여 자동 반영 (휴직 전 명령지 출력물 확보하여 각종 신청시 유용함)
급여 지급	재정관리단에서 자동 지급	별도 신청 불필요
군인공제회 부담금 납입정지	공제회 홈페이지 → 회원서비스 → 납입정지 신청	휴직 명령서 첨부 필수
휴직 소급 기여금 납부	무급 휴직자가 기여금을 휴직 중에도 납부하는 제도	휴직 중, 복직 후 납부 방법의 장단 점이 있음. 자세한 사항은 <3. 군인 재정 요약> 참고
성인지 원격교육 이수	휴직자 대상 필수 교육 (4시간) 연 1회	국방부 나라배움터 접속 → 성인지 감수성 향상 원격교육' 수료 후 국방인사정보체계 기록 반영 여부 반드시 확인.
복직 전 확인사항	복귀일자·보직·급여 재개일	인사과 / 재정관리단 동시 확인 권장, 부대 인사 담당자, 본인 해당 군 본부 보직 담당자

2 군인 커뮤니티 & 정보 채널

네이버 카페명	특징
독하군	독서하는 군인들의 커뮤니티. 기록·독서·성장을 공유하는 군인들의 집합소
리치군인 카페	재테크, 글쓰기 등 경제적인 부분에 대한 정보를 많이 얻을 수 있는 부자 군인이 되고 싶은 사람들의 모임임
동행 카페	군인, 군인 가족이 모인 카페. 제도·서류 정보가 많은 편, 군인, 군인가족 인증을 통해서 가입이 이루어 짐

3. 휴직 군인 재정관리 요약

항목	내용
급여	재정관리단 자동지급 (휴직명령 등록 필수) 국군재정관리단 휴직급여 담당자 : 02-3146-6417
군인공제회 부담금	납입정지 신청 가능 (휴직 명령서 첨부)
연금 기여금	1. 휴직 중 납부 중단 (복직 후 소급 납부로 대체함). * 복직 후 물가 상승률 반영하여 납부, 월 납부액이 2배로 부담 2. 휴직 중 납부 지속 (재정단에 납부 별도 신청 필요) * 휴직 중 재정 부담 (월 20~40만원 개별 납부)
대출 상환금	필요 시 상환유예 신청 가능 (공제회 상담 필수)
적금·펀드	자동이체 유지 여부 확인 (휴직 전 정리 권장)
통신비	군인 요금제로 전환
군 실비보험 가입	군 실비 보험에 출산 관련 보장 항목이 있으니 본인, 혹은 배우자 신청을 미리 해둠으로써 출산에 따른 보험 혜택 받기(일반 보험은 출산에 따른 보상이 대부분 없음)

4. 자녀 출산시 놓치지 말아야 하는 것

항목	내용
군인공제회 출산축하금	대상: 군인공제회 회원(간부, 부사관 등) 내용: 자녀 출산 시 1인당 10만 원 (쌍둥이 이상은 20만 원) 지급 신청 방법: 군인공제회 홈페이지 → 복지서비스 → 출산축하금 신청 신청 기한: 출산일로부터 6개월 이내
군인 단체보험 (군 실비보험)	매년 1월에 군 단체보험 가입 신청 시 출산 대상자 가입 강추, 출산 후 보험금 신청 전년도 미가입자는 미가입 상태가 지속되니 가입 신청 필수 - 보장 항목 : 출산(자연분만, 제왕절개) 시 입원비 실손 보장, 제왕절개 수술비 정액 지급, 조산 유산 치료비 실손 보장, 신생아 중환자실 입원비 일부 보장 등 *매년 계약 보험사에 따라 변동이 있을 수 있음
가족 수당 신청	인사 정보 체계 가족 추가 필요 서류 : 가족관계증명서 혹은 주민등록등본

육아 휴직을 도와준 도구들

1. 육아템

- 모유 수유

: 핸즈프리 유축기, 분유포트, 스팀형 젖병소독기

- 수면

: 옆잠배게, 그림자 극장, 롱 메모리폼 베개

- 외출

: 자동 폴딩 유모차(유모차 컵홀더 2개, 고리 4개 씩 걸고 사용), 아기띠(슬링 스타일, 힙시트 겸용 스타일), 사이드 힙시트

- 이유식

: 유기농 업체 배송 서비스 이용, 파우치형 이유식(외출시)

- 놀이, 발달

: 바운서, 모빌, 헝겁책, 고리형 치발기, 사운드북

2. 책을 읽어요

▶ 육아

책 제목	저자	추천 이유
본질육아	지나영	육아의 핵심은 '아이를 잘 키우는 법'이 아니라 '부모가 단단해지는 법'임을 알려주는 책.
엄마의 말 공부 365	이임숙	하루 한 문장으로 엄마의 말이 아이의 자존감을 어떻게 키우는지 배울 수 있어요.
어떻게 말해줘야 할까	오은영	모든 부모가 한 번은 읽어야 할 대화 교과서. 말의 온도가 관계를 바꿔요.
영혼이 강한 아이로 키워라	조선미	흔들리는 시대 속에서도 중심을 지키는 아이로 키우는 심리적 기반을 다뤄요.
아이의 자존감	정지은·김민태	아이의 자존감은 부모의 말과 태도에서 만들어진다는 사실을 일깨워주는 책.
의대생의 초등 비밀과외	임민찬	초등 학습의 본질을 알려주는 현실형 공부법. '조급하지 않은 학습'의 중요성을 강조해요.
초등 1학년, 스스로 공부가 시작됐다	김선미	부모가 아이의 공부를 '관리'가 아닌 '응원'으로 바라보게 만들어주는 책.

▶ 독서력·기록력 향상

책 제목	저자	추천 이유
히어로 이펙트	최영웅	군인 독서동아리 대상의 리더가 쓴 독서 이야기 독서로 인생이 바뀌었고 그 바뀐 독서를 많은 이들에게 전달하고자 한다.
기록이라는세계	리니	'기록은 자신을 치유하는 언어'라는 사실을 보여준 책. 다양한 기록법이 소개되어있는 기록 초보 필독서
기록하기로 했습니다	김신지	기록은 나를 다시 발견하게 하는 가장 정확한 방법이다를 알려주는 책 다양한 기록법이 소개되어있는 기록 초보 필독서
필사의 기초	조경국	필사는 '베껴 쓰기'가 아니라, 글 속에 숨어 있는 나를 꺼내는 일이다. 필사의 유익을 잘 알려주는 책

▶ 에세이

책 제목	저자	추천 이유
제철 행복	김신지	일상의 사소한 순간에 숨어 있는 '제철의 행복'을 포착하게 해줘요.
쓸만한 인간	박정민	배우 박정민이 아닌 글쓰는 박정민을 만나는 시간 생각보다 글을 너무 재미있게 공감가게 써서 좋았던 책
나는 나무처럼 살고 싶다	우종영	꾸준함과 생명력의 상징인 나무로부터 삶의 지혜를 배우는 따뜻한 이야기.
잘될 수밖에 없는 너에게	최서영	자기 확신을 되찾게 해주는 메시지북. '자뻑일기'와 가장 닮은 톤의 응원서.

▶ 소설

책 제목	저자	추천 이유
불편한 편의점	김호연	항상 가까이있는 편의점을 배경 사람 사이의 따뜻함이 얼마나 큰 위로가 되는지를 보여주는 이야기.
강하고 아름다운 할머니가 되고 싶어	김슬기	나이듦의 새로운 정의, '우아한 강인함'을 배우게 되는 이야기. 이런 할머니로 살아가고 싶다 하는 마음을 갖게 한 책
모리와 함께한 화요일	미치 앨봄	인생의 진짜 가치가 무엇인지 일깨워주는 영원한 고전
메리골드 마음세탁소	윤정은	지친 마음을 다정하게 헹궈주는 이야기
하쿠다 사진관	허태연	제주의 사진관을 배경으로 한 이야기 제주, 사진관에 끌려 읽어나갔고 단숨에 완독해버렸던 소설
긴자 시호도 문구점	우에다 겐지	기록을 하다보면 문구에도 관심이 많이 가게 되죠. 문구하면 떠오르는 나라 일본의 문구점이야기를 소설로 만나보는 재미가 쏠쏠해요

▶ 마음치유, 자존감

책 제목	저자	추천 이유
자존감 수업	윤홍균	'나를 미워하지 않는 연습'을 하게 해준 책. 휴직 초기에 특히 위로가 되었어요.
기분이 태도가 되지 않게	레몬 심리	감정의 파도 속에서도 중심을 지키는 법. 제목만으로도 명언이에요.
벌써 마흔이 된 딸에게	한성희	마흔이 아니어도 엄마가 된 워킹맘이라면 정말 큰 치유를 받을 책. 손수건 준비 필수
여덟 단어	박웅현	'자존, 관계, 사랑, 자유...' 인생을 구성하는 8개의 단어로 철학을 정리한 책.

▶ 경제, 재테크

책 제목	저자	추천 이유
부자 아빠 가난한 아빠	로버트 기요사키	돈을 바라보는 관점을 바꾸는 데 도움이 되는 재테크 고전.
돈의 심리학	모건 하우절	돈을 다루는 능력보다 '태도'가 더 중요하다는 통찰을 줍니다.
군인은 어떻게 부자가 될 수 있을까	리치비	군 복무 환경에 맞춘 현실적 재테크 가이드. 군인에게 꼭 필요한 책.
레버리지	롭 무어	'시간'과 '타인의 힘'을 활용해 효율적으로 일하고 부를 만드는 방법.
돈의 속성	김승호	부에 대한 철학을 현실 언어로 풀어낸 책. 행동보다 먼저 생각을 바꿔줍니다.
부의 추월차선	엠제이 드마코	빠르게 변화하는 세상에서 '부의 속도'를 높이는 사고 전환을 제시.

▶ 자기계발·커리어

책 제목	저자	추천 이유
행동하지 않으면 인생은 바뀌지 않는다	브라이언 트레이시	단 한 줄의 행동이 삶의 변화를 이끈다는 실천 중심의 메시지.
그 사람은 말을 참 예쁘게 하더라	김령아	'말투는 인격'이라는 사실을 다시 느끼게 해주는 책.
내 생각과 관점을 수익화하는 퍼스널 브랜딩	촉촉한 마케터	자신의 경험을 콘텐츠로 전환하는 실질적 브랜딩 노하우.
아주 작은 습관의 힘	제임스 클리어	꾸준함이 습관으로, 습관이 성장을 만든다는 과학적 습관 설계서.
세이노의 가르침	세이노	아직 안 본 사람은 있어도 한 번만 본 사람은 없다는 자기계발 서적.

육아휴직 5계명

1. 휴직은 아이와 온전히 눈을 맞추는 골든타임이자,
나를 다시 세우는 기회입니다.

2. '리부트 시스템'으로 경제적 안정을 확보하여,
육아에 집중할 수 있는 환경을 만드세요.

3. 아이의 성장만큼 나의 마음 근육도 중요합니다.
'기록'과 '독서'로 함께 성장하는 기쁨을 만끽하세요.

4. 나만의 '절대 시간'을 확보하여,
육아의 파도 속에서도 나를 잃지 않는 균형을 유지하세요.

5. 육아휴직은 아이에게는 평생의 정서적 자산이 되고,
당신에게는 더 유능한 리더로 거듭나는 도약대가 될거예요.